OEUVRES

DE

MOLIÈRE

ILLUSTRATIONS

PAR

JACQUES LEMAN

LES PLAISIRS

DE L'ISLE ENCHANTÉE

PARIS

CHEZ ÉMILE TESTARD ET Cᵉ, ÉDITEURS

10, RUE DE CONDÉ

1888

OEUVRES

DE

J.-B. P. DE MOLIÈRE

———

LES PLAISIRS

DE L'ISLE ENCHANTÉE

JUSTIFICATION DU TIRAGE

Il a été fait pour les Amateurs un tirage spécial sur papier de luxe à 1,000 exemplaires, numérotés à la presse.

		NUMÉROS
125 exemplaires sur papier du Japon.		1 à 125
75 — sur papier de Chine.		126 à 200
200 — sur papier Vélin à la cuve.		201 à 400
600 — sur papier Vergé de Hollande.		401 à 1000

OEUVRES

DE

MOLIERE

ILLUSTRATIONS

PAR

JACQUES LEMAN

NOTICES

PAR

ANATOLE DE MONTAIGLON

PARIS

CHEZ EMILE TESTARD ET CIE EDITEURS

10 RUE DE CONDÉ

M . DCCC . LXXXVIII

NOTICE

DE

LA PRINCESSE D'ÉLIDE

ET

DES PLAISIRS DE L'ISLE ENCHANTÉE

OUIS XIV n'a pas encore vingt-six ans. Il est marié, et son mariage a consacré la paix de la France, de l'Espagne et de l'Empire; la naissance du Dauphin assure l'avenir de la Royauté comme de la France, et le Roi, dans la force de la jeunesse et de la gloire, se donne avec ardeur aux délices du plaisir et de l'amour. Sa passion pour la charmante La Vallière n'est pas encore publique, mais elle est d'autant plus puissante qu'elle est à demi secrète et voilée. Pour lui offrir, sous le couvert de la Reine-Mère et de la Reine, une Fête extraordinaire et digne d'elle, il tient, pour éclipser les Fêtes de Vaux et reprendre son rang, à dépasser tout ce qu'on a vu.

Les Ballets, aujourd'hui si oubliés, mais qu´ ´'en ont pas moins été, dès la fin des Valois, la préoccupation, l'amusement et la plus grande affaire de la Cour, ne pouvaient manquer d'en faire partie; ceux des *Fâcheux* et du *Mariage forcé*, qui sont reliés aux situations, avaient montré qu'on pouvait les faire se succéder et en accumuler la variété dans le cadre d'une action plus noble et plus haute.

En même temps, le souvenir encore vivant du Carrousel de 1661 y faisait intervenir l'éclat des costumes, des cortèges, et les adresses élégantes des quadrilles. A toutes ces gaîtés de la danse et à toutes ces splendeurs des exercices chevaleresques, on joignit, avec la richesse des festins, le Chœur des Muses de la Poësie, de la Comédie et de la Musique.

On n'avait pas vu, on ne devait plus revoir à ce degré, une réunion aussi inouïe de pompes et de splendeurs.

Que de monde il fallut mettre en mouvement et avec quelle hâte fiévreuse. On trouve, dans les premiers volumes des Comptes des Bâtiments, si heureusement publiés par M. Jules Guiffrey, tout un détail des ouvriers employés, terrassiers, plâtriers, manœuvres de tout genre, charretiers, loueurs de carrosses, charpentiers, serruriers, cordiers, menuisiers, tourneurs, doreurs, peintres, sculpteurs, fondeurs, fontainiers, jardiniers, rocailleurs, bûcherons pour couper les feuillées, ciriers et artificiers. La somme du chapitre spécial qui leur est consacré monte à 117,033 livres, 2 sous, 9 deniers. Mais on est encore loin de compte, car il y manque les sommes dépensées chez les marchands d'étoffes, les tailleurs, les brodeurs et les costumiers, chez les selliers, chez les joailliers et les orfèvres, payés par d'autres services, comme aussi toutes les dépenses des collations. Quant à la part du Théâtre, M. Campardon nous a appris que Molière et sa troupe, par conséquent les acteurs, les musiciens, les chanteurs et les danseurs, reçurent quatre mille livres et que deux autres mille livres lui furent personnellement attribuées. On ne serait pas loin de la réalité en portant à cent cinquante mille livres au moins, c'est-à-dire aujourd'hui à plus du triple, les sommes dépensées par le Roi à cette occasion.

Le grand ordonnateur fut Colbert, qui pourvut à la dépense et aux ordres généraux de l'organisation, avec l'aide de Bontemps, le premier Valet de chambre du Roi, de M. De Launay, l'Intendant des Menus plaisirs, et de l'infatigable M. de Beauvilliers, Duc de Saint-Aignan, le véritable auteur de tout l'ensemble pour avoir, dans le thème général de l'Ile enchantée de la sorcière Alcine, su faire entrer et mettre à leur place les cortèges, les jeux équestres, les collations, les changements à vue, les symphonies d'instruments, les concerts de voix, les prologues, la comédie et les entrées de ballets. Au milieu de toutes ces féeries, celui que Madame de Sévigné appelait « le Paladin par éminence » et dont l'abbé Legendre a raconté l'amusante histoire des Lettres de rémission pour avoir tué des Chevaliers errants, était dans son élément et sut y trouver un triomphe, dont il a dû se souvenir jusque dans sa vieillesse.

Comme figurants, n'a-t-il pas eu à sa disposition et mis en œuvre le dessus du panier de la Noblesse française élégante, à commencer par le

Roi lui-même, qui ne devait cesser de payer de sa personne et de se donner en spectacle dans les Ballets qu'à la suite de *Britannicus* de Racine.

Autour du Roi c'était d'Artagnan, de la Maison de Montesquiou ; Anne de Noailles, Maréchal de France et, ce jour-là, le Jugé des Courses ; Henri de Lorraine, Duc de Guise, le petit-fils du Balafré, qui ne pensait pas mourir un mois après les Fêtes ; son parent, Louis de Lorraine, Comte d'Armagnac, Grand Ecuyer de France ; Gaston de Foix, Duc de Randan ; Armand du Cambout, Duc de Coislin, neveu du Cardinal de Richelieu ; Henri de Daillon, comte du Lude, qui n'était encore ni Duc, ni Grand-Maître de l'Artillerie ; le Prince de Marsillac, fils du Duc de La Rochefoucauld ; Antoine d'Aumont, Marquis de Villequier ; le Marquis de Soyecourt, le Dorante des *Fâcheux*, alors Grand-Maître de la Garde-robe et plus tard Grand-Veneur ; Louis de Crevant, Marquis d'Humières ; le Marquis de La Vallière, le frère aîné de la vraie Reine de la Fête, et enfin Monsieur le duc d'Enghien, le fils du Grand Condé qui ne figurait pas ici mais qui avait été à la tête du quadrille des Turcs en 1661. Tous étaient les compagnons des plaisirs du Roi, jeunes pour la plupart, et quelques-uns de leurs Duchés l'étaient aussi, car un certain nombre ne datait que de 1663. Jamais Directeur de théâtre n'a eu dans la main une pareille troupe pour, ainsi qu'au Camp du Drap d'or, porter leurs bois et leurs moulins sur leurs dos et sur ceux de leurs Pages.

La richesse des costumes n'était pas en effet le moindre attrait de cette merveilleuse Montre. Ce n'étaient que brocarts d'argent et d'or, toiles et gazes d'argent, satins incarnats, gris de lin, couleur de feu, casques empanachés de bouquets de hautes plumes frisées, cuirasses de toiles d'argent écaillées d'or, boucliers chargés de devises peintes, vestes chamarrées de broderies d'or et de jais, jupes et tonnelets agrémentés de cannetille, de galons et de franges, longs brodequins étincelants de joyaux et de pierreries ; que livrées, harnais et caparaçons constellés des blasons des tenants et des Soleils du jeune Roi, tout cela « à l'antique et à la Grecque », dans un goût de fantaisie ingénieusement maniérée, qui suivait l'Italie et brodait encore sur ses caprices. Tassoni, dans le second Chant de son Poëme *Le Seau enlevé*, en donne bien la note quand il décrit les costumes des Dieux se rendant au Conseil de Jupiter ; il suffira de celui de l'une des Déesses :

« Pallas dédaigneuse et altière, s'avance, montée sur une haquenée d'Angleterre. Habillée d'une robe relevée jusqu'à mi-jambe, elle est vêtue moitié à la Grecque, moitié à l'Espagnole. Une partie de sa chevelure est nouée, l'autre flottante ; elle porte avec une noble fierté, dans les tresses de ses cheveux sur l'oreille droite, une plume de héron ; à l'arçon de sa selle pend un cimeterre. »

Du reste on peut se donner l'idée la plus exacte et la plus vivante de cette Antiquité du bel air et à la dernière mode par les personnages des nombreux frontispices que Claude Vignon a si pompeusement dessinés pour les pièces de théâtre et les romans d'aventures de son époque, par les amusants costumes des tableaux des Saisons de Claude Deruet, peints pour le Château de Richelieu et maintenant au Musée d'Orléans, qui ont l'avantage précieux de donner les couleurs des étoffes, et par les figures des Cavaliers du Carrousel de 1661, surtout dans les quelques rares exemplaires miniaturés qui en existent. C'est là que, pour entrer dans le sentiment du temps, il faut aller chercher « les habits à l'antique » du Théâtre et des Ballets de Louis XIII et de Louis XIV.

Les Relations de la Fête de 1664 sont nombreuses. Il y a d'abord celle qui encadre la pièce de Molière, et l'on a eu tort de l'attribuer à Félibien qui n'était pas encore Historiographe des Maisons Royales, alors qu'elle est plus justement donnée à Charles Perrault, le Premier Commis de Colbert. Mais, en dehors du récit officiel, il y en a plusieurs autres, les passages du Journal en vers de Loret, qui n'y était pas, à la date des 10 et 24 mai ; la *Gazette de France* du 21 mai « Les particularités des divertissements pris à Versailles par Leurs Majestés », qui ne citent pas le nom de Molière ; la spirituelle Relation de Marigny, imprimée en juin chez Barbin, et l'éclat des merveilles de ces Fêtes ne s'éteignit pas avec les fusées du feu d'artifice qui les termina. Madame de Villedieu, dont on connaît le Récit de la Farce des Précieuses, refait, en 1672, une Relation des Fêtes de 1664 dans la première partie de son roman *La Vie d'Henriette Sylvie de Molière*, et, au XVIIIe siècle, Voltaire lui a consacré presque un chapitre de son *Siècle de Louis XIV*.

Quant à la partie artistique et intellectuelle, elle fut partagée entre plusieurs.

Le soin des décorations fut l'œuvre du Modenais Carlo Vigarani, et la partie musicale celle de Lulli, qui avait déjà écrit la *Courante* de Lisandre, pour les *Fâcheux*, et les entrées dansantes du *Mariage forcé*.

Benserade, le grand parolier ordinaire des Ballets et dont ses contemporains prisaient fort et admiraient même l'esprit d'allusions personnelles, élogieuses ou aiguisées de raillerie, dont il relevait cette besogne de commande, rima les quatrains madrigalesques qui nommaient et caractérisaient les tenants du tournoi, non pour être dits et récités, mais pour être imprimés d'avance et distribués, comme à l'ordinaire, aux spectateurs de distinction, en façon de livret et de programme.

Quant au Prologue à la louange des deux Reines et aux vers des Saisons, ils sont l'œuvre du Président de Périgny. S'il n'y dépasse pas l'honnêteté du médiocre, ce n'en était pas moins un *honnête homme* et un personnage très considérable. D'abord Président à la troisième Chambre des Enquêtes du Parlement de Paris, il se piquait de littérature. Le Ballet des *Amours déguisés*, antérieur de trois mois seulement à la Fête de Versailles, puisqu'il fut représenté, le 13 février 1664, chez Monsieur au Palais-Royal et dans lequel le Roi dansait, était de lui. Après avoir été nommé Lecteur de Sa Majesté sur la recommandation de Chapelain, il devint en 1668 Précepteur du Dauphin, et Louis XIV l'apprécia et l'estima d'une façon toute particulière puisqu'il lui fit l'honneur de le prendre pour collaborateur et de lui confier la tâche délicate de la révision et de la mise au point de ses *Mémoires;* dans la Préface de leur dernière édition, M. Dreyss a très judicieusement discuté et établi quelle part importante le Président prit à ce travail avec le Roi. Il mourut à Saint-Germain-en-Laye, le 1er septembre 1670, « emportant », dit la Gazette, « les regrets du Roi et de toute la Cour »; l'on trouvera son épitaphe, à l'article des Minimes de la Place Royale, dans les Historiens de Paris. Après lui, ses deux emplois furent partagés; ce fut Pélisson qui lui succéda comme Réviseur des Mémoires du Roi, et ce fut Bossuet qui le remplaça auprès du Dauphin.

Les Fêtes, qui ne devaient d'abord prendre que trois journées, en durèrent sept, du 7 au 13 mai 1664; la seconde, celle du 8, fut particulièrement consacrée à la représentation d'une nouvelle comédie de Molière.

Bret a fait remarquer que la pièce italienne *Ritrosia per ritrosia* n'était de son côté qu'une imitation de la pièce Espagnole, dans laquelle Molière, qui fera bientôt, dans son *Don Juan*, d'autres emprunts au Théâtre Castillan, a puisé directement le sujet de celle qui fut jouée pour la première fois devant le Roi en 1664. On ne connaît pas d'ailleurs la pièce Italienne; Bret n'en donne pas la date; elle ne figure pas dans la Bibliographie dramatique d'Allacci, et peut-être est-elle postérieure à la Française. Dans tous les cas l'original commun est le « Dédain contre dédain » du Chanoine Agostino Moreto. Comme il n'est mort qu'en 1669, il a pu savoir qu'une imitation de son œuvre avait eu l'honneur de paraître devant le Roi de France et devant les deux Reines, que leur origine Espagnole a dû rendre d'autant plus favorables au choix qu'avait fait Molière.

Chez Moreto, la scène se passe en Espagne; Molière a mis son action dans la Grèce des Romans et changé Diana en Princesse d'Elide, mais le thème est le même, l'insensibilité vaincue par l'apparence d'une insensibilité aussi grande. Moron joue, dans l'intérêt du Prince Euryale, le même rôle que Polilla pour son maître Don Carlos, et, dans les deux pièces, quand l'insensible annonce son mariage avec un autre, Don Carlos et Euryale répondent de même par le coup droit de leur soi-disant amour pour une autre.

Du côté de la Princesse et du Prince, on est en plein sur les bords du fleuve du Tendre, ce qui n'était pour déplaire à la partie féminine de l'auditoire, et le côté comique avait sa part dans les bouffonneries du *Grazioso*. Dans Moreto, c'est Polilla, Valet de Don Carlos; dans Molière, c'est une sorte de Fou de Cour, chose plus réelle à cette époque qu'il ne semble, car Louis XIV avait encore un Fou en titre, du nom d'Angeli, qui avait commencé par l'être de la Maison de Condé. Pour le nom de Moron, il est pris à celui du vieux Domestique dans le *Jodelet astrologue* du Sieur d'Ouville, et son rôle, que Molière s'était réservé, est la gaîté de *la Princesse d'Élide*. Rien de plus plaisant que les naïvetés rustaudes de son amour, que ses poltronneries épeurées, que ses boutades à la Sancho, que son mélange de finesse et de gros bon sens.

Mais pour Molière, Moron ne vient qu'au second plan; sa Comédie héroïque était du théâtre sérieux et galant, l'une de ses préoccupations et de ses visées; l'insuccès de Don Garcie ne l'avait pas converti et il aurait voulu lutter avec Corneille, sans se douter que c'est par ses Comédies qu'il se mettait au même rang. M. Deschanel a justement remarqué que la *Princesse d'Elide* était autre chose qu'un Ballet, mais plutôt une suite de l'*Andromède* du Tragique, qui date de 1647.

Il y a même tout lieu de croire que Molière n'a pas choisi son sujet au dernier moment en vue de la Fête et pour ne pas avoir le temps d'en chercher et d'en créer un. Le désir de Louis XIV dut être accompli avec tant de hâte que l'exécution en fut commencée dès l'instant même où l'idée lui en vint, et Molière n'a pas pu penser qu'il pourrait en si peu de temps écrire cinq actes en vers et les faire apprendre et répéter. Plus tard, il n'écrivit lui-même que le premier acte et deux scènes de *Psyché*, qui ne put être complétée qu'avec l'aide de Corneille et de Quinault; pour *la Princesse d'Elide*, son plan était arrêté; le premier acte était fait, et peut-être même les quarante premiers vers du second. Pour satisfaire au commandement du Roi et lui donner du nouveau, il a dû lui demander la permission et la grâce de ne lui présenter le reste qu'en prose, sûr qu'il était, grâce à son heureuse facilité, de ne pas être en retard, « de sorte », comme le dit Marigny, « qu'il sembloit que, pour obéir promptement « aux ordres de l'Enchanteresse Alcine, la Comédie n'avoit eu le temps « que de prendre un de ses brodequins, et qu'elle étoit venue donner « des marques de son obéissance, un pied chaussé et l'autre nu ».

Nous ne comptons guère *la Princesse d'Elide* dans l'œuvre de Molière. Elle eut cependant grand succès, même à la Ville; elle fut reprise plus d'une fois sous Louis XIV à Fontainebleau et à Saint-Germain, et deux fois reprise sous Louis XV, avec Adrienne Lecouvreur dans le rôle de la Princesse, par les Comédiens du Roi et par la Troupe de l'Opéra. Ce dernier théâtre en connaissait bien le sujet pour en avoir fait en 1728 un Ballet héroïque en trois actes, dont les vers étaient de l'Abbé Pellegrin et la musique de Villeneuve; Roy, un autre des librettistes ordinaires de l'Opéra, en avait fait imprimer dès 1708 un Opéra en trois actes. C'est seulement en 1757 que la pièce de Molière disparut de la scène du Théâtre Français; c'était cette fois la Gaussin qui jouait l'héroïne.

A cette époque, le *Mercure*, sans dire le nom de l'arrangeur, nous apprend qu'elle avait été mise en vers; peut-être s'était-on borné à corriger les étrangetés et les fautes de français qui émaillent la rédaction en vers de l'édition Hollandaise des Œuvres de Molière publiée à Amsterdam en 1725. Molière, pressé par les nécessités de son Théâtre auquel il fallait toujours des pièces nouvelles pour lutter avec l'Hôtel de Bourgogne, n'était pas revenu sur son œuvre, qu'il fallait laisser telle quelle, et l'on s'étonne de trouver des importuns et des importants pour faire ce qu'il n'avait pas fait. Un anonyme Lorrain la versifia en 1785 et Alexandre Pieyre la récrivit, en vers et en trois actes, sous le premier Empire; ce sont à peine des curiosités.

De nos jours, Pierre Loti, dans *Mon frère Yves*, a noté au passage une chanson de matelots, qu'il convient de signaler ici :

« *On entend en bas, dans le faux-pont, une vingtaine de voix chanter l'une après l'autre — en cascade, comme on fait pour* Frère Jacques, — *une sorte d'air très ancien, qui est joyeux et moqueur. Ils chantent :*

« As-tu entendu? Les tribordais debout — debout au quart — debout, debout, debout. »

Il serait curieux que « ce très ancien air joyeux et moqueur », fût précisément la musique de Lulli, emportée en Bretagne par quelque Officier de marine pour l'avoir entendue à la Cour ou à Paris. C'est affaire aux musicographes d'éclaircir cette petite question. La musique de Lulli existe dans la collection manuscrite de Philidor le père à la Bibliothèque du Conservatoire, et il faudrait avoir la notation du *canon* des matelots; mais, quant aux paroles, les « *Debout, debout, debout* » sont trop pareils à la coupe et aux termes mêmes du chœur des Musiciens, réveillant Lyciscas et les autres Valets de chiens, pour que la chanson des tribordais ne vienne pas de celle du Premier Intermède.

Il ne faut pas oublier que, dans les derniers jours ajoutés aux Fêtes de Versailles, Molière fit encore rejouer le *Mariage forcé*, les *Fâcheux*, faits pour Fouquet, mais auxquels Louis XIV avait collaboré par la scène du chasseur, écrite sur son indication, et surtout que, le soir du lundi onze, « Sa Majesté fit jouer une Comédie, nommée *Tartuffe*, que le sieur de « Molière avait fait contre les Hypocrites ». Il devait se passer des années avant qu'on permît à l'*Imposteur* d'être joué en public; pour la postérité, c'est le plus grand intérêt et l'honneur des Fêtes de Versailles d'avoir eu la première représentation du *Tartuffe*.

ANATOLE DE MONTAIGLON.

NEC CESSO NEC ERR

FETES DONNÉES PAR LE ROY

M·DC·LXIV

LES
PLAISIRS
DE
L'ISLE ENCHANTEE

COURSE DE BAGUE
Collation ornée de Machines

COMEDIE DE MOLIERE
DE LA PRINCESSE D'ELIDE
Meslée de Danse & de Musique

BALLET DU PALAIS D'ALCINE
FEU D'ARTIFICE
Et autres Festes galantes & magnifiques

FAITES PAR LE ROY A VERSAILLES
LE VII MAY M.DC.LXIV

Continuées plusieurs autres jours

A PARIS
CHEZ
ROBERT BALLARD
Seul Imprimeur du Roy, pour la Musique, rue S. Jean de Beauvais,
au Mont Parnasse.
THOMAS JOLLY.
Au Palais, à la Salle des Merciers, à l'Enseigne de la Palme.
GUILLAUME DE LUYNES.
Mesme Salle, à l'Enseigne de la Justice.
LOUIS BILLAINE.
Dans la grande Salle, à l'Enseigne de la Palme & du Grand César.

M.DC.LXV

JACQUES LEMAN

Première Journée

LES
PLAISIRS
DE
L'ISLE ENCHANTEE

PREMIERE JOURNEE

LE VII MAI M.DC.LXIV.

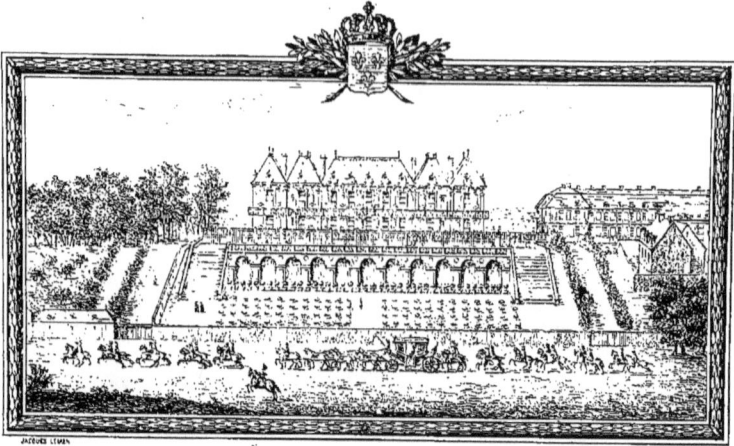

LES PLAISIRS
DE L'ISLE ENCHANTÉE

Course de Bague; Collation ornée de Machines;
Comédie de Molière, intitulée la « Princesse d'Elide »,
meslée de Danses et de Musique;
Ballet du Palais d'Alcine; Feu d'Artifice,
et autres Festes, galantes et magnifiques,
faites par le Roy a Versailles, le 7 May 1664,
et continuées plusieurs autres jours.

L E ROY, *voulant donner aux Reynes et à toute sa Cour le plaisir de quelques Festes peu communes dans un lieu orné de tous les agrémens qui peuvent faire admirer une Maison de Campagne, choisit Versailles à quatre lieues de Paris.*

C'est un Chasteau qu'on peut nommer un Palais enchanté, tant les adjustemens de l'Art ont bien secondé les soins que la

XII.   1

Nature a pris pour le rendre parfait. Il charme de toutes ma-nières ; tout y rit dehors et dedans ; l'or et le marbre y disputent de beauté et d'esclat, et, quoy qu'il n'y ait pas cette grande esten-due qui se remarque en quelques autres Palais de Sa Majesté, toutes choses y sont si polies, si bien entenduës et si achevées que rien ne le peut esgaler. Sa symétrie, la richesse de ses meubles, la beauté de ses promenades, et le nombre infiny de ses fleurs, comme de ses orangers, rendent les environs de ce lieu dignes de sa rareté singulière. La diversité des bestes contenuës dans les deux Parcs, et dans la Mesnagerie, où plusieurs Courts en étoiles sont accompagnées de Viviers pour les animaux aqua-tiques, avec de grands bastimens, joignent le plaisir avec la magnificence, et en font une Maison accomplie.

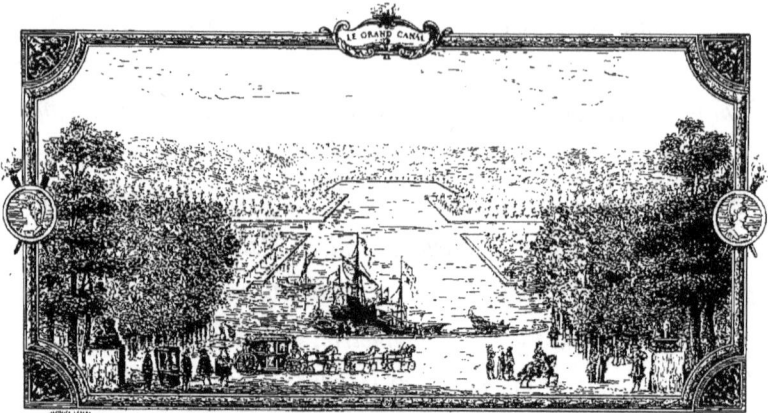

E fut en ce beau lieu, où toute la Cour
se rendit le cinquiesme de May, que
le Roy traita plus de six cent personnes, jusques au quatorzième, outre
une infinité de gens, nécessaires à la
Danse et à la Comédie, et d'Artisans
de toutes sortes, venus de Paris, si bien que cela paroissoit une petite armée.

Le Ciel mesme sembla favoriser les desseins de Sa
Majesté puis qu'en une saison presque toûjours plu-
vieuse, on en fut quitte pour un peu de vent, qui sembla
n'avoir augmenté qu'afin de faire voir que la prévoyance
et la puissance du Roy estoient à l'espreuve des plus
grandes incommoditez. De hautes toilles, des bastimens
de bois, faits presque en un instant, et un nombre pro-
digieux de flambeaux de cire blanche, pour suppléer à
plus de quatre mille bougies chaque journée, résistèrent

à ce vent, qui partout ailleurs eust rendu ces divertissemens comme impossibles à achever.

Monsieur de Vigarani, Gentilhomme Modenois, fort
sçavant en toutes ces choses, inventa et proposa celles-
cy, et le Roy commanda au Duc de S. Aignan, qui se
trouva lors en fonction de Premier Gentilhomme de
sa Chambre et qui avoit déjà donné plusieurs sujets de
Ballets fort agréables, de faire un dessein où elles fussent
toutes comprises avec liaison et avec ordre, de sorte
qu'elles ne pouvoient manquer de bien réussir.

Il prit pour sujet le Palais d'Alcine, qui donna lieu
au titre des *Plaisirs de l'Isle enchantée*, puis que, selon
l'Arioste, le brave Roger et plusieurs autres bons Chevaliers y furent retenus par les doubles charmes de la
beauté, quoy qu'empruntée, et du sçavoir de cette Magicienne, et en furent délivrez, après beaucoup de tems con-
sommé dans les délices, par la bague qui détruisoit les enchantemens ; c'estoit celle d'Angélique, que Mélisse,
sous la forme du vieux Atlas, mit enfin au doigt de Roger.

On fit donc en peu de jours orner un Rond, où quatre
grandes allées aboutissent entre de hautes palissades,
de quatre Portiques, de trente-cinq pieds d'élévation et
de vingt-deux en quarré d'ouverture ; de plusieurs fes-
tons enrichis d'or et de diverses peintures, avec les armes
de Sa Majesté.

Toute la Cour s'y estant placée, le septiesme, il entra

dans la place, sur les six heures du soir, un Héraut d'armes, représenté par M. des Bardins, vestu d'un habit à l'antique, couleur de feu en broderie d'argent et fort bien monté.

Il estoit suivy de trois Pages. Celuy du Roy, M. d'Artagnan, marchoit à la teste de deux autres, fort richement habillé de couleur de feu, livrée de Sa Majesté, portant sa lance et son Escu, dans lequel brilloit un Soleil de pierreries, avec ces mots : NEC CESSO, NEC ERRO,

faisant allusion à l'attachement de Sa Majesté aux

affaires de son Estat et à la manière avec laquelle il agit, ce qui estoit encore représenté par ces quatre vers du Président de Périgny, autheur de la mesme Devise :

C*E n'est pas sans raison que la Terre et les*
Cieux
Ont tant d'étonnement pour un objet si rare,
Qui, dans son cours pénible, autant que
glorieux,
Jamais ne se repose, et jamais ne s'égare.

Les deux autres Pages estoient aux Ducs de S. Aignan et de Noailles, le premier Mareschal de Camp, et l'autre Juge des Courses.

Celuy du Duc de S. Aignan portoit l'Escu de sa Devise, et estoit habillé de sa livrée, de toille d'argent enrichie d'or, avec des plumes incarnates et noires, et les rubans de mesme.

Sa Devise estoit un Thymbre d'horloge, avec ces mots :

DE MIS GOLPES MI RUIDO.

Le Page du Duc de Noailles estoit vestu de couleur de feu, argent et noir, et le reste de la livrée semblable. La Devise, qu'il portoit dans son Escu, estoit un Aigle, avec ces mots :

FIDELIS ET AUDAX.

Quatre Trompettes et deux Tymbaliers marchoient après ces Pages, habillez de satin, couleur de feu et argent; leurs plumes de la mesme livrée, et les caparaçons de leurs chevaux couverts d'une pareille broderie, avec des Soleils d'or fort éclatans aux banderoles des Trompettes et aux couvertures des Tymballes.

Le Duc de S. Aignan, Mareschal de Camp, marchoit après eux, armé à la Grecque d'une cuirasse de toille d'argent, couverte de petites escailles d'or, aussi bien que son bas de saye; et son casque estoit orné d'un Dragon et d'un grand nombre de plumes blanches, meslées d'incarnat et de noir. Il montoit un cheval blanc, bardé de mesme, et représentoit Guidon le Sauvage.

Pour le Duc de SAINT-AIGNAN, *représentant Guidon le Sauvage.*

MADRIGAL

LES combats que j'ay faits en l'Isle dangereuse,
Quand de tant de Guerriers je demeuray vainqueur,
Suivis d'une espreuve amoureuse,
Ont signalé ma force aussi bien que mon cœur.
La vigueur, qui fait mon estime,
Soit qu'elle embrasse un party légitime

Ou qu'elle vienne à s'eschapper,
Fait dire, pour ma gloire, aux deux bouts de la Terre,
Qu'on n'en voit point, en toute guerre,
Ny plus souvent, ny mieux frapper.

POUR LE MESME

EUL *contre dix Guerriers, seul contre dix Pu-*
celles,
C'est avoir sur les bras deux étranges querelles;
Qui sort à son honneur de ce double combat
Doit estre, ce me semble, un terrible Soldat.

Huit Trompettes et deux Tymbaliers, vestus comme les premiers, marchoient après le Mareschal de Camp.

Le ROY, représentant Roger, les suivoit, montant un des plus beaux chevaux du Monde, dont le harnois couleur de feu esclattoit d'or, d'argent et de pierreries. Sa Majesté estoit armée à la façon des Grecs, comme tous ceux de sa Quadrille, et portoit une cuirasse de lames d'argent, couverte d'une riche broderie d'or et de diamans. Son port et toute son action estoient dignes de son rang; son Casque, tout couvert de plumes couleur de feu, avoit une grace incomparable, et jamais un air plus libre, ny plus guerrier, n'a mis un mortel au-dessus des autres hommes.

SONNET

Pour le ROY, *représentant* ROGER.

UELLE *taille, quel port a ce fier*
  Conquérant !
Sa personne ébloüit quiconque l'exa-
  mine,
  Et, quoy que par son Poste il soit
  déjà si Grand,
  Quelque chose de plus éclate dans
  sa mine.

Son front de ses Destins est l'auguste garant ;
Par delà ses Ayeux sa vertu l'achemine ;
Il fait qu'on les oublie, et, de l'air qu'il s'y prend,
Bien loin derrière luy laisse son origine.

De ce cœur généreux c'est l'ordinaire employ
D'agir plus volontiers pour autruy que pour soy ;
Là principalement sa force est occupée ;

Il efface l'éclat des Héros anciens,
N'a que l'honneur en veue, et ne tire l'épée
Que pour des interests qui ne sont pas les siens.

XII.   2

Le Duc de Noailles, Juge du Camp, sous le nom
d'Oger le Danois, marchoit après le Roy, portant la
couleur de feu et le noir sous une riche broderie d'argent; et ses plumes, aussi-bien que tout le reste de son
esquipage, estoient de cette mesme livrée.

Le Duc de NOAILLES. *Oger le Danois,*
Juge du Camp.

E *Paladin s'applique à cette seule affaire*
De servir dignement le plus puissant des
Rois;
Comme pour bien juger il faut sçavoir bien
faire,
Je doute que personne appelle de sa voix.

Le Duc de Guise et le Comte d'Armagnac marchoient ensemble après luy. Le premier, portant le nom
d'Aquilant le Noir, avoit un habit de cette couleur en
broderie d'or et de geaix; ses plumes, son cheval et sa
lance assortissoient à sa livrée, et l'autre, représentant
Griffon le Blanc, portoit, sur un habit de toile d'argent,
plusieurs rubis, et montoit un cheval blanc, bardé de
la mesme couleur.

Le Duc de GUISE. *Aquilant le Noir.*

A *Nuit a ses beautez, de mesme que le Jour ;*
Le Noir est ma couleur ; je l'ay toûjours
   aymée,
Et, si l'obscurité convient à mon Amour,
Elle ne s'estend pas jusqu'à ma renommée.

· Le Comte d'ARMAGNAC. *Griffon le Blanc.*

O YEZ *quelle candeur en moy le Ciel a mis ;*
Aussi nulle Beauté ne s'en verra trompée,
Et, quand il sera temps d'aller aux en-
   nemis,
C'est où je me feray tout blanc de mon
   épée.

Les Ducs de Foix et de Coaslin, qui paroissoient ensuite, estoient vestus, l'un d'incarnat avec or et argent, et l'autre de vert, blanc et argent, toute leur livrée et leurs chevaux estant dignes du reste de leur équipage.

Pour le Duc de Foix. *Renaud.*

L porte un Nom célèbre; il est jeune, il est sage.
A vous dire le vray, c'est pour aller bien haut,
Et c'est un grand bonheur que d'avoir, à son
  âge,
La chaleur nécessaire et le flegme qu'il faut.

Le Duc de COASLIN. *Dudon.*

TROP *avant dans la gloire on ne peut s'en-*
  gager;
J'auray vaincu sept Rois, et, par mon grand
  courage,
Les verray tous soûmis au pouvoir de
  ROGER,
Que je ne seray pas content de mon ouvrage.

Après eux marchoient le Comte du Lude et le Prince
de Marsillac, le premier vestu d'incarnat et blanc, et
l'autre de jaune, blanc et noir, enrichis de broderie
d'argent, leur livrée de mesme, et fort bien montez.

Le Comte du Lude. *Astolphe.*

D E *tous les Paladins qui sont dans l'Uni-*
vers,
Aucun n'a pour l'Amour l'âme plus
échauffée,
Entreprenant toûjours mille projets di-
vers,
Et toûjours enchanté par quelque jeune Fée.

Le Prince de Marsillac. *Brandimart.*

M ES *vœux seront contens, mes souhaits*
accomplis,
Et ma bonne fortune à son comble
arrivée,
Quand vous sçaurez mon zèle, aymable
Fleur de Lis,
Au milieu de mon cœur profondément gravée.

Les Marquis de Villequier et de Soyecourt marchoient
en suite. L'un portoit le bleu et argent, et l'autre le bleu,
blanc et noir, avec or et argent; leurs plumes et les
harnois de leurs chevaux estoient de la mesme couleur
et d'une pareille richesse.

Le Marquis de VILLEQUIER. *Richardet.*

PERSONNE, *comme moy, n'est sorty galam-
ment
D'une intrigue où, sans doute, il falloit quelque
adresse ;
Personne, à mon avis, plus agréablement
N'est demeuré fidelle en trompant sa Maistresse.*

Le Marquis de SOYECOURT. *Olivier.*

VOICY *l'honneur du Siècle, auprès de qui
nous sommes,
Et mesme les Géants, de médiocres
Hommes,
Et ce franc Chevalier, à tout venant tout
prest,
Toûjours pour quelque Jouste a la lance en arrest.*

Les Marquis d'Humières et de La Vallière les suivoient, ce premier portant la couleur de chair et argent,
et l'autre gris de lin, blanc et argent; toute leur livrée
estant la plus riche et la mieux assortie du monde.

Le Marquis d'HUMIÈRES. *Ariodant.*

E *tremble dans l'accès de l'amoureuse fièvre;*
Ailleurs, sans vanité, je ne tremblay jamais;
Et ce charmant objet, l'adorable GENÈVRE,
Est l'unique Vainqueur à qui je me soû-
    mets.

Le Marquis de LA VALLIÈRE. *Zerbin.*

UELQUES *beaux sentimens que la Gloire*
    nous donne,
Quand on est amoureux au souverain
    degré,
Mourir entre les bras d'une belle personne
Est, de toutes les morts, la plus douce à
    mon gré.

Monsieur le Duc marchoit seul, portant pour sa livrée la couleur de feu, blanc et argent; un grand nombre de diamans estoient attachez sur la magnifique broderie dont sa cuirasse et son bas de saye estoient couverts, son casque et le harnois de son cheval en estant aussi enrichis.

Monsieur LE DUC. *Roland.*

ROLAND *fera bien loin son grand Nom retentir;*
La Gloire deviendra sa fidelle Compagne;
Il est sorti d'un sang, qui brusle de sortir
Quand il est question de se mettre en Campagne,
Et, pour ne vous en point mentir,
C'est le pur sang de Charlemagne.

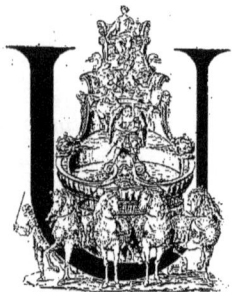

UN Char, de dix-huit pieds de haut, de vingt-quatre de long et de quinze de large, paroissoit en suite, esclatant d'or et de diverses couleurs. Il représentoit celuy d'Apollon, en l'honneur duquel se célébroient autrefois les Jeux Pythiens, que ces Chevaliers s'estoient proposez d'imiter en leurs Courses et en leur équipage. Cette Divinité, brillante de lumières, estoit assise au plus haut du Char, ayant à ses pieds les quatre Aages ou Siècles, distinguez par de riches habits et par ce qu'ils portoient à la main.

Le Siècle d'Or, orné de ce précieux métal, estoit encore paré de diverses Fleurs, qui faisoient un des principaux ornemens de cet heureux Aage.

Ceux d'Argent et d'Airain avoient aussi leurs remarques particulières,

Et celuy de Fer estoit représenté par un Guerrier, d'un regard terrible, portant d'une main l'espée et de l'autre le bouclier.

Plusieurs autres grandes Figures de relief paroient les costez de ce Char magnifique. Les Monstres Célestes, le Serpent Python, Daphné, Hyacinte, et les autres Figures qui conviennent à Apollon, avec un Atlas portant le Globe du Monde, y estoient aussi relevez d'une agréable sculpture. Le Temps, représenté par le Sieur Millet, avec sa faux, ses aisles, et cette vieillesse décrépite dont on le peint toûjours accablé, en estoit le conducteur. Quatre chevaux, d'une taille et d'une beauté peu communes, couverts de grandes housses semées de Soleils d'or, et attellez de front, tiroient cette Machine.

Les douze Heures du jour, et les douze Signes du Zodiaque, habillez fort superbement, comme les Poëtes les dépeignent, marchoient en deux files aux deux costez de ce Char.

Tous les Pages des Chevaliers le suivoient deux à deux, après celuy de Monsieur le Duc, fort proprement vestus de leurs livrées, avec quantité de plumes, portant les lances de leurs Maistres et les Escus de leurs Devises.

Le Duc de Guise, représentant Aquilant le Noir, ayant pour Devise un Lion qui dort, avec ces mots :

ET QUIESCENTE PAVESCUNT.

Le Comte d'Armagnac, représentant Griffon le Blanc, ayant pour Devise une Hermine, avec ces mots :

EX CANDORE DECUS.

Le Duc de Foix, représentant Renaud, ayant pour Devise un Vaisseau dans la Mer, avec ces mots :

LONGE LEVIS AURA FÉRET.

Le Duc de Coaslin, représentant Dudon, ayant pour Devise un Soleil, et l'Héliotrope ou Tournesol, avec ces mots :

SPLENDOR AB OBSEQUIO.

Le Comte du Lude, représentant Astolphe, ayant pour Devise un Chiffre en forme de nœud, avec ces mots :

NON FIA MAI SCIOLTO.

Le Prince de Marsillac, représentant Brandimart, ayant pour Devise une Montre en relief, dont on voit tous les ressorts, avec ces mots :

CHIETO FUOR, COMMOTO DENTRO.

Le Marquis de Villequier, représentant Richardet, ayant pour Devise un Aigle qui plane devant le Soleil, avec ces mots :

UNI MILITAT ASTRO.

Le Marquis de Soyecourt, représentant Olivier, ayant pour Devise la Massue d'Hercule, avec ces mots :

VIX ÆQUAT FAMA LABORES.

Le Marquis d'Humières, représentant Ariodant, ayant pour Devise toutes sortes de Couronnes, avec ces mots :

NO QUIERO MENOS.

Le Marquis de la Vallière, représentant Zerbin, ayant pour Devise un Phœnix sur un bûcher allumé par le Soleil, avec ces mots :

HOC JUVAT URI.

Monsieur le Duc, représentant Roland, ayant pour Devise un Dard, entortillé de Lauriers, avec ces mots :

INGT Pasteurs, chargez des diverses pièces de la barrière qui devoit estre dressée pour la Course de Bague, formoient la dernière Troupe qui entra dans la lice. Ils portoient des vestes couleur de feu, enrichies d'argent, et des coiffures de mesme.

Aussi-tost que ces Troupes furent entrées dans le Camp, elles en firent le tour, et, après avoir salué les Reynes, elles se séparèrent et prirent chacune leur poste. Les Pages à la teste, les Trompettes et les Tymballiers, se croisants, s'allèrent poster sur les aisles.

Le Roy, s'advançant au milieu, prit sa place vis-à-vis du haut Dais; Monsieur le Duc proche de sa Majesté; les Ducs de S. Aignan et de Noailles à droite et à gauche; les dix Chevaliers en haye aux deux costez du Char; leurs Pages, au mesme ordre, derrière eux; les Signes et les Heures comme ils estoient entrez.

Lors qu'on eut fait alte en cet estat, un profond silence, causé tout ensemble par l'attention et par le respect, donna le moyen à Mademoiselle de Brie, qui représentoit le Siècle d'Airain, de commencer ces Vers, à la louange de la Reyne, adressez à Apollon, représenté par le Sieur de la Grange :

LE SIÈCLE D'AIRAIN

A APOLLON

Brillant Père du Jour, Toy de qui la puissance
Par ses divers aspects nous donna la naissance;
Toy, l'espoir de la Terre, et l'ornement des Cieux;
Toy, le plus nécessaire et le plus beau des Dieux;
Toy, dont l'activité, dont la bonté suprême
Se fait voir et sentir en tous lieux par soy-mesme;
Dis nous par quel destin, ou par quel nouveau choix,
Tu célèbres tes Jeux aux rivages François?

APOLLON

Si ces lieux fortunez ont tout ce qu'eut la Grèce
De gloire, de valeur, de mérite et d'adresse,
Ce n'est pas sans raison qu'on y voit transférez
Ces Jeux qu'à mon honneur la Terre a consacrez.

    J'ay toûjours pris plaisir à verser sur la France
De mes plus doux rayons la bénigne influence;
Mais le charmant objet, qu'Hymen y fait régner,
Pour Elle maintenant me fait tout desdaigner.

    Depuis un si long temps que, pour le bien du Monde,
Je fais l'immense tour de la Terre et de l'Onde,
Jamais je n'ay rien veu si digne de mes feux;
Jamais un sang si noble, un cœur si généreux;

Jamais tant de lumière, avec tant d'innocence;
Jamais tant de jeunesse, avec tant de prudence;
Jamais tant de grandeur avec tant de bonté;
Jamais tant de sagesse, avec tant de beauté.

   Mille Climats divers, qu'on vit sous la puissance
De tous les Demi-Dieux dont Elle prit naissance,
Cédant à son mérite autant qu'à leur devoir,
Se trouveront un jour unis sous son pouvoir.

   Ce qu'eurent de grandeurs et la France et l'Espagne,
Les droicts de Charles-Quint, les droicts de Charle-Magne,
En Elle avec leur sang heureusement transmis,
Rendront tout l'Univers à son Trosne soûmis;
Mais un Titre plus grand, un plus noble partage,
Qui l'eslève plus haut, qui luy plaist davantage;
Un Nom qui tient en soy les plus beaux noms unis,
C'est le Nom glorieux d'Epouse de LOUIS.

LE SIÈCLE D'ARGENT

Quel destin fait briller, avec tant d'injustice,
Dans le Siècle de fer un Astre si propice?

LE SIÈCLE D'OR

Ah! ne murmure point contre l'ordre des Dieux.
Loin de s'enorgueillir d'un don si précieux,
Ce Siècle, qui du Ciel a mérité la haine,
En devroit augurer sa ruine prochaine
Et voir qu'une vertu, qu'il ne peut suborner,

Vient moins pour l'anoblir que pour l'exterminer.

Si tost qu'Elle paroist dans cette heureuse Terre,
Voy comme Elle en bannit les fureurs de la Guerre ;
Comment, depuis ce jour, d'infatigables mains
Travaillent sans relâche au bon-heur des humains ;
Par quels secrets ressorts un Héros se prépare
A chasser les horreurs d'un Siècle si barbare,
Et me faire revivre avec tous les plaisirs
Qui peuvent contenter les innocens desirs.

LE SIÈCLE DE FER

Je sçais quels ennemis ont entrepris ma perte ;
Leurs desseins sont connus, leur trasme est descouverte,
Mais mon cœur n'en est pas à tel point abatu...

APOLLON

Contre tant de grandeur, contre tant de vertu,
Tous les monstres d'Enfer, unis pour ta deffense,
Ne feroient qu'une foible et vaine résistance ;
L'Univers, opprimé de ton joug rigoureux,
Va gouster par ta fuite un destin plus heureux :
Il est temps de céder à la Loy souveraine,
Que t'imposent les vœux de cette auguste Reyne ;
Il est temps de céder aux travaux glorieux
D'un Roy, favorisé de la Terre et des Cieux.
Mais icy trop long-temps ce différent m'arreste ;

A de plus doux combats cette Lice s'apreste ;
Allons la faire ouvrir, et ployons des Lauriers
Pour couronner le front de nos fameux Guerriers.

OUS ces Récits achevez, la Course de Bague commença, en laquelle, après que le Roy eut fait admirer l'addresse et la grace qu'il a en cet exercice, comme en tous les autres, et plusieurs belles Courses, et, de tous ces Chevaliers, le Duc de Guise, les Marquis de Soyecourt et de la Vallière demeurèrent à la dispute, dont ce dernier emporta le prix, qui fut une espée d'or enrichie de Diamans, avec des boucles de baudrier de valeur, que donna la Reyne Mère, et dont elle l'honnora de sa main.

La nuit vint cependant à la fin des Courses, par la justesse qu'on avoit eu à les commencer, et, un nombre infiny de lumières ayant esclairé tout ce beau lieu, l'on vit entrer dans la même place

Trente-quatre Concertans fort bien vestus, qui devoient précéder les Saisons et faisoient le plus agréable concert du monde.

Pendant que les Saisons se chargeoient des mets délicieux qu'elles devoient porter pour servir devant leurs Majestez la magnifique Collation qui estoit préparée, les douze Signes du Zodiaque et les quatre Saisons dansèrent dans le Rond une des plus belles Entrées de Ballet qu'on eût encore veue.

Le Printemps parut en suite sur un cheval d'Espagne, représenté par Mademoiselle du Parc, qui, avec le sexe et les avantages d'une femme, faisoit voir l'addresse d'un homme. Son habit estoit vert, en broderie d'argent et de fleurs au naturel.

L'Esté le suivoit, représenté par le Sieur du Parc sur un Éléphant, couvert d'une riche housse.

L'Automne, aussi advantageusement vestue, représentée par le Sieur de la Thorilliere, venoit après monté sur un Chameau.

L'Hyver suivoit sur un Ours, représenté par le Sieur Béjart.

Leur Suite estoit composée de quarante-huit personnes, qui portoient toutes sur leurs testes de grands bassins pour la Collation.

Les douze premiers, couverts de fleurs, portoient, comme des Jardiniers, des corbeilles peintes de vert et d'argent, garnies d'un grand nombre de porcelaines si remplies de confitures et d'autres choses délicieuses de la Saison, qu'ils estoient courbez sous cet agréable faix.

Douze autres, comme Moissonneurs, vestus d'habits conformes à cette profession, mais fort riches, portoient des bassins de cette couleur incarnate qu'on remarque au Soleil levant, et suivoient l'Esté.

Douze, vestus en Vandangeurs, estoient couverts de feuilles de vignes et de grappes de raisins, et portoient dans des paniers feuille-morte, remplis de petits bassins de cette mesme couleur, divers autres fruits et confitures à la suite de l'Automne.

Les douze derniers estoient des Vieillards gelez dont les fourrures et la desmarche marquoient la froideur et la foiblesse, portant dans des bassins, couverts d'une glace et d'une neige si bien contrefaites qu'on les eust pris pour la chose mesme, ce qu'ils devoient contribuer à la Collation, et suivoient l'Hyver.

Quatorze Concertans de Pan et de Diane précédoient ces deux Divinitez, avec une agréable harmonie de Flûtes et de Musettes.

Elles venoient en suite sur une Machine fort ingénieuse, en forme d'une petite Montagne ou Roche ombragée de plusieurs arbres; mais ce qui estoit plus surprenant, c'est qu'on la voyoit portée en l'air sans que l'artifice qui la faisoit mouvoir se peust descouvrir à la veue.

Vingt autres personnes les suivoient, portant des viandes de la Mesnagerie de Pan et de la Chasse de Diane.

Dix-huit Pages du Roy, fort richement vestus, qui devoient servir les Dames à table, faisoient les derniers de cette Troupe, laquelle estant rangée, Pan, Diane et les Saisons se présentant devant la Reyne, le Printemps luy adressa le premier ces Vers :

LE PRINTEMPS

A LA REYNE

Entre toutes les fleurs nouvellement écloses,
     Dont mes Jardins sont embellis,
Méprisant les jasmins, les œillets et les roses,
Pour payer mon tribut j'ay fait choix de ces lys,
Que, de vos premiers ans, vous avez tant chéris.
LOUIS les fait briller du couchant à l'aurore;
Tout l'Univers charmé les respecte et les craint,
Mais leur règne est plus doux, et plus puissant encore,
     Quand ils brillent sur vostre teint.

L'ESTÉ

     Surpris un peu trop promptement,
J'apporte à cette Feste un léger ornement,
     Mais, avant que ma saison passe,
     Je feray faire à vos Guerriers,
     Dans les campagnes de la Thrace,
     Une ample moisson de Lauriers.

L'AUTOMNE

Le Printemps, orgueilleux de la beauté des fleurs
     Qui lui tombèrent en partage,
Prétend de cette Feste avoir tout l'avantage,

Et nous croit obscurcir par ses vives couleurs :
Mais vous vous souviendrez, Princesse sans seconde,
De ce fruit précieux qu'a produit ma saison,
  Et qui croist dans vostre Maison
Pour faire quelque jour les délices du Monde.

L'HYVER

La neige, les glaçons, que j'apporte en ces lieux,
  Sont des mets les moins précieux,
  Mais ils sont des plus nécessaires
Dans une Feste où mille objets charmans
  De leurs œillades meurtrières
  Font naistre tant d'embrazemens.

DIANE

A LA REYNE

  Nos bois, nos rochers, nos montagnes,
  Tous nos chasseurs, et mes compagnes
Qui m'ont toûjours rendu des honneurs souverains,
Depuis que parmy nous ils vous ont veu paroistre,
  Ne veulent plus me reconnoistre,
Et, chargez de présens, viennent, avecque moy
Vous porter ce tribut pour marque de leur foy.
Les habitans légers de cet heureux boccage
De tomber dans vos rets font leur sort le plus doux,

Et n'estiment rien davantage
Que l'heur de périr de vos coups ;
Amour, dont vous avez la grace et le visage,
A le mesme secret que vous.

PAN

Jeune Divinité, ne vous estonnez pas,
Lorsque nous vous offrons en ce fameux repas
L'eslite de nos bergeries ;
Si nos troupeaux goustent en paix
Les herbages de nos prairies,
Nous devons ce bon-heur à vos divins attraits.

ES récits achevez, une grande Table en forme de croissant, ronde d'un costé, où l'on devoit couvrir, et garnie de fleurs de celuy où elle estoit creuse, vint à se descouvrir.

Trente-six Violons, très bien vestus, parurent derrière sur un petit Théâtre, pendant que Messieurs de la Marche et Parfait, père, frère et fils, Controlleurs Généraux, sous les noms de l'Abondance, de la Joie, de la Propreté et de la Bonne-Chère, la firent couvrir par les Plaisirs, par les Jeux, par les Ris et par les Délices.

Leurs Majestés s'y mirent en cet ordre, qui prévint tous les embarras qui eussent pû naistre pour les rangs.

La REYNE MÈRE estoit assise au milieu de la Table et avoit à la main droite :

LE RO}Y

Mademoiselle d'Alençon.
Madame la Princesse.
Mademoiselle d'Elbeuf.
Madame de Béthune.
Madame la Duchesse de Créqny.

MONSIEUR

Madame la Duchesse de S. Aignan.

Madame la Mareschalle du Plessis.
Madame la Mareschalle d'Estampes.
Madame de Gourdon.
Madame de Montespan.
Madame d'Humières.
Mademoiselle de Brancas.
Madame d'Armagnac.
Madame la Comtesse de Soissons.
Madame la Princesse de Bade.
Mademoiselle de Grançay.

De l'autre costé estoient assises :

LA REYNE	MADAME
Madame de Carignan.	Madame la Princesse Bénédicte.
Madame de Flaix.	Madame la Duchesse. •
Madame la Duchesse de Foix.	Madame de Rouvroy.
Madame de Brancas.	Mademoiselle de la Mothe.
Madame de Froulay.	Madame de Marsé.
Madame la Duchesse de Navailles.	Mademoiselle de La Vallière.
Mademoiselle d'Ardennes.	Mademoiselle d'Artigny.
Mademoiselle de Cologon.	Mademoiselle du Bellay.
Madame de Crussol.	Mademoiselle de Dampierre.
Madame de Montauzier.	Mademoiselle de Fiennes.

La somptuosité de cette Collation passoit tout ce qu'on en pourroit escrire, tant par l'abondance que par la délicatesse des choses qui y furent servies. Elle faisoit aussi le plus bel objet qui puisse tomber sous les sens puis que, dans la nuit auprès de la verdeur de ces hautes palissades, un nombre infiny de chandeliers, peints de vert et d'argent, portant chacun vingt-quatre bougies, et deux cent flambeaux de cire blanche, tenus par autant de personnes vestues en Masques, rendoient une clarté presque aussi grande et plus agréable que celle du jour. Tous les Chevaliers, avec leurs casques couverts de plumes de différentes couleurs et leurs habits de la Course, estoient appuyez sur la Barrière, et ce grand nombre d'Officiers richement vestus, qui servoient, en augmentoient encore la beauté et

XII.   5

rendoient ce Rond une chose enchantée, duquel, après
la Collation, Leurs Majestez et toute la Cour sortirent
par le Portique opposé à la Barrière et, dans un grand
nombre de galesches fort adjustées, reprirent le chemin du Chasteau.

Fin
à la
Ire Journée.

LA

PRINCESSE D'ELIDE

COMEDIE GALANTE

Meslee de Musique et d'Entrées de Ballet

PAR

J.B.P. DE MOLIERE

REPRESENTEE POUR LA PREMIERE FOIS

A

VERSAILLES LE VIII MAI

M.DC.LXIV.

PAR
LA TROUPE DE MONSIEUR
FRERE UNIQUE DU ROY

ORS que la nuit du second jour fut venue, Leurs Majestez se rendirent dans un autre Rond, environné de palissades comme le premier, et sur la mesme ligne, s'avançant toujours vers le Lac où l'on feignoit que le Palais d'Alcine estoit basty.

Le dessein de cette seconde Feste estoit que Roger et les Chevaliers de sa Quadrille, après avoir fait des merveilles aux Courses, que par l'ordre de la belle Magicienne ils avoient fait en faveur de la Reyne, continuoient en ce mesme dessein pour le divertissement suivant et que, l'Isle flotante n'ayant point esloigné le rivage de la France, ils donnoient à Sa Majesté le plaisir d'une Comédie, dont la Scène estoit en Elide.

Le Roy fit donc couvrir de toilles, en si peu de temps qu'on avoit lieu de s'en estonner, tout ce Rond

· XII.   5·

d'une espéce de Dôme. pour deffendre contre le vent
le grand nombre de flambeaux et de bougies qui
devoient esclairer le Théâtre, dont la décoration estoit
fort agréable. Aussi-tost qu'on eut tiré la toille, un
grand concert de plusieurs instrumens se fit entendre,
et l'Aurore, représentée par Mademoiselle Hilaire,
ouvrit la Scène et chanta ce Récit.

LES PLAISIRS DE L'ISLE ENCHANTÉE.

SCÈNE PREMIÈRE

RÉCIT DE L'AURORE

QUAND *l'Amour à vos yeux offre
un choix agréable,*
*Jeunes beautez, laissez-vous en-
flâmer ;*
*Mocquez-vous d'affecter cet orgueil
indomptable*
*Dont on vous dit qu'il est beau
de s'armer ;*
Dans l'âge   où l'on est aymable,
Rien n'est si beau   que d'aymer.

Soupirez librement pour un amant fidelle,
Et bravez ceux qui voudroient vous blasmer ;

Un cœur tendre est aymable, et le nom de cruelle
N'est pas un nom à se faire estimer;
Dans le temps où l'on est belle,
Rien n'est si beau que d'aymer.

SCÈNE DEUXIESME

VALETS DE CHIENS, ET MUSICIENS

Pendant que l'Aurore chantoit ce Récit, quatre Valets de chiens estoient couchez sur l'herbe, dont l'un (sous la figure de Lyciscas, représenté par le Sieur de Molière, excellent Acteur, de l'invention duquel estoient les Vers et toute la Pièce) se trouvoit au milieu de deux, et un autre à ses pieds, qui estoient les Sieurs Estival, Don et Blondel, de la Musique du Roy, dont les voix estoient admirables.

Ceux-cy en se resveillant à l'arrivée de l'Aurore, si-tost qu'elle eut chanté, s'escrièrent en Concert :

Holà, Holà ? Debout, debout, debout,
Pour la chasse ordonnée il faut préparer tout :
Holà ? ho, debout, viste debout.

Ier

Jusqu'aux plus sombres lieux le jour se communique.

IIme

L'air sur les fleurs en perles se résout :

IIIme

Les Rossignols commencent leur Musique,
Et leurs petits concerts retentissent par tout.

TOUS ENSEMBLE

Sus, sus debout; viste debout.

Parlant à Lyciscas qui dormoit :

Qu'est-cecy, Lyciscas? Quoy, tu ronfles encore,
Toy qui promettois tant de devancer l'Aurore?
Allons, debout; viste debout;
Pour la Chasse ordonnée il faut préparer tout;
Debout, viste debout; despeschons; ho debout.

LYCISCAS, *en s'esveillant.*

Par la morbleu, vous estes de grands braillars, vous autres, et vous avez la gueule ouverte de bon matin.

MUSICIENS

Ne vois-tu pas le jour qui se respand par tout?
Allons debout, Lyciscas, debout.

LYCISCAS

Hé, laissez-moy dormir encor un peu, je vous conjure.

MUSICIENS

Non, non, debout; Lyciscas, debout.

LYCISCAS

Je ne vous demande plus qu'un petit quart d'heure.

MUSICIENS

Point, point, debout; viste debout.

LYCISCAS

Hé, je vous prie.

MUSICIENS

Debout.

LYCISCAS

Un moment.

MUSICIENS

Debout.

LYCISCAS

De grace.

MUSICIENS

Debout.

LYCISCAS

Eh!

MUSICIENS

Debout.

LYCISCAS

Je...

MUSICIENS

Debout.

LYCISCAS

J'auray fait incontinent.

MUSICIENS

Non, non, debout, Lyciscas, debout ;
Pour la chasse ordonnée il faut préparer tout ;
Viste debout; despeschons, debout.

LYCISCAS

Et bien laissez-moy, je vais me lever. Vous estes d'estranges gens de me tourmenter comme cela. Vous serez cause que je ne me porteray pas bien de toute la journée; car, voyez-vous, le sommeil est nécessaire à l'homme, et, lors qu'on ne dort pas sa réfection, il arrive... que... on est...

Ier

Lyciscas.

IIme

Lyciscas.

IIIme

Lyciscas.

TOUS ENSEMBLE

Lyciscas.

LYCISCAS

Diable soit les brailleurs. Je voudrois que vous eussiez la gueulle pleine de bouillie bien chaude.

MUSICIENS

Debout, debout, viste debout;
Despeschons, debout.

LYCISCAS

Ah! quelle fatigue de ne pas dormir son soû.

Ier

Holà, oh.

IIme

Holà, oh.

XII.   6

IIIᵐᵉ

Holà, oh.

TOUS ENSEMBLE

Oh! oh! oh! oh! oh!

LYCISCAS

Oh! oh! oh! oh! La peste soit des gens avec leurs chiens de hurlemens. Je me donne au Diable si je ne vous assomme : mais voyez un peu quel diable d'en-tousiasme il leur prend de me venir chanter aux oreilles comme cela. Je...

MUSICIENS

Debout.

LYCISCAS

Encore.

MUSICIENS

Debout.

LYCISCAS

Le Diable vous emporte.

MUSICIENS

Debout.

LYCISCAS, *en se levant :*

Quoy toûjours? A-t-on jamais veu une pareille furie de chanter ? Par le sang-bleu, j'enrage; puis que me voilà esveillé, il faut que j'éveille les autres, et que je les tourmente comme on m'a fait. *Allons ho? Messieurs, debout,*

debout; viste, c'est trop dormir. Je vais faire un bruit de Diable par tout. *Debout, debout, debout; allons viste; ho, ho, ho? Debout, debout. Pour la chasse ordonnée il faut préparer tout. Debout, debout, Lyciscas, debout? Ho! ho! ho! ho! ho!*

Lyciscas s'estant levé, avec toutes les peines du monde, et s'estant mis à crier de toute sa force, plusieurs Cors et Trompes de chasse se firent entendre et, concertées avec les Violons, commencèrent l'air d'une Entrée, sur laquelle six Valets de chiens dansèrent avec beaucoup de justesse et de disposition, reprenant à certaines cadances le son de leurs Cors et Trompes. C'estoient les Sieurs Paysan, Chicanneau, Noblet, Pesan, Bonard, et la Pierre.

LA PRINCESSE D'ÉLIDE.
Mademoiselle de Molière.

AGLANTE, Cousine de la Princesse.
Mademoiselle Du Parc.

CINTHIE, Cousine de la Princesse.
Mademoiselle De Brie.

PHILIS, Suivante de la Princesse.
Mademoiselle Béjart.

IPHITAS, Père de la Princesse.
Le Sieur Hubert

EURIALE, ou le Prince d'Ithaque.
Le Sieur de La Grange.

ARISTOMÈNE, ou le Prince de Messène.
Le Sieur Du Croisy.

THÉOCLE, ou le Prince de Pyle.
Le Sieur Béjart.

ARBATE, Gouverneur du Prince d'Ithaque.
Le Sieur de La Torillière.

MORON, Plaisant de la Princesse.
Le Sieur de Molière.

UN SUIVANT.
Le Sieur Prévost.

JACQUES LEMAN

ACTE PREMIER

ARGUMENT

Cette chasse qui se préparoit ainsi estoit celle d'un Prince d'Elide, lequel, estant d'humeur galante et magnifique et souhaitant que la Princesse sa Fille se résolust à aymer et à penser au mariage, qui estoit fort contre son inclination, avoit fait venir en sa Cour les Princes d'Ithaque, de Messène et de Pyle, afin que, dans l'exercice de la Chasse, qu'elle aymoit fort, et dans d'autres Jeux, comme des Courses de Chars et semblables magnificences, quelqu'un de ces Princes peust luy plaire et devenir son Epoux.

SCÈNE PREMIÈRE

Euriale, Prince d'Ithaque, amoureux de la Princesse d'Elide, et Arbate,
son Gouverneur, lequel, indulgent à la passion du Prince, le loue de
son amour, au lieu de l'en blasmer, en des termes fort galands.

EURIALE, ARBATE

ARBATE

E silence resveur, dont la
    sombre habitude
Vous fait à tous momens
    chercher la solitude,
Ces longs soûpirs, que laisse
    eschapper vostre cœur,
Et ces fixes regards, si chargez
    de langueur,
Disent beaucoup sans doute à des gens de mon âge,
Et je pense, Seigneur, entendre ce langage ;
Mais sans vostre congé, de peur de trop risquer,
Je n'ose m'enhardir jusques à l'expliquer.

EURIALE

Explique, explique, Arbate, avec toute licence
Ces soûpirs, ces regards, et ce morne silence.
Je te permets icy de dire que l'Amour

M'a rangé sous ses loix et me brave à son tour,
Et je consens encor que tu me fasses honte
Des foiblesses d'un cœur qui souffre qu'on le dompte.

ARBATE

Moy vous blasmer, Seigneur, des tendres mouvemens,
Où je voy qu'aujourd'huy panchent vos sentimens ?
Le chagrin des vieux jours ne peut aigrir mon ame
Contre les doux transports de l'amoureuse flâme,
Et, bien que mon sort touche à ses derniers Soleils,
Je diray que l'Amour sied bien à vos pareils;
Que ce tribut, qu'on rend aux traits d'un beau visage,
De la beauté d'une ame est un clair tesmoignage,
Et qu'il est mal-aisé que, sans estre amoureux,
Un jeune Prince soit et grand et généreux.
C'est une qualité que j'ayme en un Monarque ;
La tendresse du cœur est une grande marque,
Et je croy que d'un Prince on peut tout présumer
Dès qu'on voit que son ame est capable d'aymer.
Ouy, cette passion, de toutes la plus belle,
Traisne dans un esprit cent vertus après elle;
Aux nobles actions elle pousse les cœurs,
Et tous les grands Héros ont senty ses ardeurs.
Devant mes yeux, Seigneur, a passé vostre enfance,
Et j'ay de vos vertus veu fleurir l'espérance;
Mes regards observoient en vous des qualitez

Où je reconnoissois le sang dont vous sortez;
J'y descouvrois un fonds d'esprit et de lumière;
Je vous trouvois bien fait, l'air grand, et l'ame fière;
Vostre cœur, vostre adresse esclatoient chaque jour,
Mais je m'inquiétois de ne voir point d'amour,
Et, puisque les langueurs d'une playe invincible
Nous montrent que vostre ame à ses traits est sensible,
Je triomphe, et mon cœur, d'allégresse remply,
Vous regarde à présent comme un Prince accomply.

EURIALE

Si de l'Amour un temps j'ay bravé la puissance,
Hélas, mon cher Arbate, il en prend bien vengeance,
Et, sçachant dans quels maux mon cœur s'est abismé,
Toy-mesme, tu voudrois qu'il n'eust jamais aymé.
Car, enfin, voy le sort où mon Astre me guide;
J'ayme, j'ayme ardamment la Princesse d'Élide,
Et tu sçais quel orgueil, sous des traits si charmans,
Arme contre l'Amour ses jeunes sentimens,
Et comment elle fuit, en cette illustre Feste,
Cette foule d'Amans qui briguent sa conqueste.
Ah, qu'il est bien peu vray que ce qu'on doit aymer,
Aussi-tost qu'on le voit, prend droit de nous charmer,
Et qu'un premier coup d'œil allume en nous les flâmes
Où le Ciel en naissant a destiné nos ames!
A mon retour d'Argos je passay dans ces lieux,

Et ce passage offrit la Princesse à mes yeux;
Je vis tous les appas dont elle est revestue,
Mais de l'œil dont on voit une belle statue.
Leur brillante jeunesse, observée à loisir,
Ne porta dans mon ame aucun secret desir,
Et d'Ithaque en repos je revis le rivage
Sans m'en estre, en deux ans, r'apellé nulle image.
Un bruit vient cependant à respandre à ma Cour
Le célèbre mespris qu'elle fait de l'Amour;
On publie en tous lieux que son ame hautaine
Garde pour l'Hymenée une invincible haine,
Et qu'un arc à la main, sur l'espaule un carquois,
Comme une autre Diane elle hante les bois,
N'ayme rien que la chasse, et de toute la Grèce
Fait soûpirer en vain l'héroïque jeunesse.
Admire nos esprits, et la fatalité.
Ce que n'avoit point fait sa veue et sa beauté,
Le bruit de ses fiertez en mon ame fit naistre
Un transport inconnu, dont je ne fus point maistre :
Ce dédain si fameux eut des charmes secrets,
A me faire avec soin rapeller tous ses traits,
Et mon esprit, jettant de nouveaux yeux sur elle,
M'en refit une image et si noble et si belle;
Me peignit tant de gloire, et de telles douceurs
A pouvoir triompher de toutes ses froideurs,
Que mon cœur, aux brillans d'une telle victoire,

XII.   7

Vit de sa liberté s'évanouir la gloire ;
Contre une telle amorce il eut beau s'indigner,
Sa douceur sur mes sens prit tel droit de régner
Qu'entraisné par l'effort d'une occulte puissance
J'ay, d'Ithaque en ces lieux, fait voile en diligence,
Et je couvre un effet de mes vœux enflammez
Du desir de paroistre à ces Jeux renommez,
Où l'illustre Iphitas, Père de la Princesse,
Assemble la pluspart des Princes de la Grèce.

ARBATE

Mais à quoy bon, Seigneur, les soins que vous prenez,
Et pourquoy ce secret où vous vous obstinez ?
Vous aymez, dites-vous, cette illustre Princesse
Et venez à ses yeux signaler vostre adresse,
Et nuls empressemens, paroles, ny soûpirs
Ne l'ont instruite encor de vos brûlans désirs.
Pour moy, je n'entens rien à cette politique,
Qui ne veut point souffrir que vostre cœur s'explique,
Et je ne sçay quel fruit peut prétendre un amour
Qui fuit tous les moyens de se produire au jour.

EURIALE

Et que feray-je, Arbate, en déclarant ma peine,
Qu'attirer les dédains de cette ame hautaine,
Et me jetter au rang de ces Princes soûmis
Que le titre d'Amans luy peint en ennemis ?

Tu vois les Souverains de Messène et de Pyle
Luy faire de leurs cœurs un hommage inutile,
Et de l'esclat pompeux des plus hautes vertus
En appuyer en vain les respects assidus.
Ce rebut de leurs soins, sous un triste silence,
Retient de mon amour toute la violence ;
Je me tiens condamné dans ces rivaux fameux,
Et je lis mon arrest au mespris qu'on fait d'eux.

ARBATE

Et c'est dans ce mespris, et dans cette humeur fière
Que vostre ame à ses vœux doit voir plus de lumière,
Puisque le Sort vous donne à conquérir un cœur
Que deffend seulement une jeune froideur,
Et qui n'impose point à l'ardeur qui vous presse
De quelque attachement l'invincible tendresse.
Un cœur préocupé résiste puissamment,
Mais, quand une ame est libre, on la force aysément,
Et toute la fierté de son indifférance
N'a rien dont ne triomphe un peu de patience.
Ne luy cachez donc plus le pouvoir de ses yeux ;
Faites de vostre flâme un éclat glorieux,
Et, bien loin de trembler de l'exemple des autres,
Du rebut de leurs vœux enflez l'espoir des vostres.
Peut-estre, pour toucher ses sévères appas,
Aurez-vous des secrets que ces Princes n'ont pas,

Et, si de ses fiertez l'impérieux caprice
Ne vous fait éprouver un destin plus propice,
Au moins est-ce un bon-heur en ces extrémitez,
Que de voir avec soy ses Rivaux rebutez.

EURIALE

J'ayme à te voir presser cet aveu de ma flâme ;
Combattant mes raisons, tu chatouilles mon ame,
Et, par ce que j'ay dit, je voulois pressentir
Si de ce que j'ay fait tu pourrois m'applaudir :
Car, enfin, puisqu'il faut t'en faire confidence,
On doit à la Princesse expliquer mon silence,
Et peut-estre, au moment que je t'en parle icy,
Le secret de mon cœur, Arbate, est esclaircy.
Cette Chasse, où pour fuir la foule qui l'adore,
Tu sçais qu'elle est allée au lever de l'Aurore,
Est le temps que Moron pour déclarer mon feu
A pris.

ARBATE

        Moron, Seigneur ?

EURIALE

                        Ce choix t'estonne un peu ;
Par son titre de Fou tu crois le bien connoistre,
Mais sçache qu'il l'est moins qu'il ne le veut paroistre,
Et que, malgré l'employ qu'il exerce aujourd'huy,
Il a plus de bon sens que tel qui rit de luy.

La Princesse se plaist à ses bouffonneries ;
Il s'en est fait aymer par cent plaisanteries,
Et peut dans cet accez dire et persuader
Ce que d'autres que luy n'oseroient hazarder.
Je le voy propre, enfin, à ce que j'en souhaite ;
Il a pour moy, dit-il, une amitié parfaite,
Et veut, dans mes Estats ayant reçeu le jour,
Contre tous mes Rivaux appuyer mon amour.
Quelque argent, mis en main pour soustenir ce zèle...

SCÈNE DEUXIESME

Moron, représenté par le Sieur de Molière, arrive, et, ayant le souvenir
d'un furieux Sanglier, devant lequel il avoit fuy à la Chasse, demande
secours, et, rencontrant Euriale et Arbate, se met au milieu d'eux pour
plus de seureté, après leur avoir tesmoigné sa peur, et leur disant cent
choses plaisantes sur son peu de bravoure.

MORON, ARBATE, EURIALE

MORON, *sans estre veu.*

Au secours ! Sauvez-moy de la beste cruelle !

EURIALE

Je pense ouïr sa voix.

MORON, *sans estre veu.*

A moy de grace, à moy !

EURIALE

C'est luy-mesme. Où court-il avec un tel effroy ?

MORON

Où pourray-je éviter ce Sanglier redoutable ?
Grands Dieux, préservez-moy de sa dent effroyable !
Je vous promets, pourveu qu'il ne m'attrape pas,
Quatre livres d'encens, et deux veaux des plus gras.
Ha ! je suis mort.

EURIALE

Qu'as-tu ?

MORON

Je vous croyois la beste
Dont à me diffamer j'ay veu la gueule preste,
Seigneur, et je ne puis revenir de ma peur.

EURIALE

Qu'est-ce ?

MORON

O, que la Princesse est d'une estrange humeur,
Et qu'à suivre la Chasse et ses extravagances
Il nous faut essuyer de sottes complaisances !
Quel Diable de plaisir trouvent tous les Chasseurs
De se voir exposez à mille et mille peurs ?
Encore si c'estoit qu'on ne fût qu'à la Chasse
Des lièvres, des lapins, et des jeunes daims, passe :

Ce sont des animaux d'un naturel fort doux,
Et qui prennent toûjours la fuite devant nous;
Mais aller attaquer de ces bestes vilaines
Qui n'ont aucun respect pour les faces humaines,
Et qui courent les gens qui les veulent courir,
C'est un sot passe-temps, que je ne puis souffrir.

EURIALE

Dy-nous donc ce que c'est.

MORON, *en se tournant.*

　　　　　　　Le pénible exercice
Où de nostre Princesse a volé le caprice!...
J'en aurois bien juré qu'elle auroit fait le tour,
Et, la course des Chars se faisant en ce jour,
Il falloit affecter ce contre-temps de Chasse
Pour mespriser ces Jeux avec meilleure grace,
Et faire voir... Mais chut, achevons mon récit,
Et reprenons le fil de ce que j'avois dit.
Qu'ay-je dit?

EURIALE

Tu parlois d'exercice pénible.

MORON

Ah, ouy. Succombant donc à ce travail horrible,
Car en Chasseur fameux j'estois enharnaché
Et dès le point du jour je m'estois découché,

Je me suis écarté de tous en galand homme,
Et, trouvant un lieu propre à dormir d'un bon somme,
J'essayois ma posture, et, m'ajustant bien-tost,
Prenois déjà mon ton pour ronfler comme il faut;
Lors qu'un murmure affreux m'a fait lever la veue,
Et j'ay, d'un vieux buisson de la forest touffuë,
Veu sortir un Sanglier, d'une énorme grandeur,
Pour...

EURIALE

Qu'est-ce ?

MORON

Ce n'est rien ; n'ayez point de frayeur,
Mais laissez-moy passer entre vous deux pour cause;
Je seray mieux en main pour vous conter la chose.
J'ay donc veu ce Sanglier, qui, par nos gens chassé,
Avoit d'un air affreux tout son poil hérissé ;
Ses deux yeux flamboyans ne lançoient que menace,
Et sa gueule faisoit une laide grimace,
Qui, parmy de l'écume, à qui l'osoit presser
Montroit de certains cros... je vous laisse à penser.
A ce terrible aspect j'ay ramassé mes armes,
Mais le faux animal, sans en prendre d'allarmes,
Est venu droit à moy, qui ne luy disois mot.

ARBATE

Et.tu l'as de pié ferme attendu ?

MORON

Quelque sot;
J'ay jetté tout par terre, et couru comme quatre.

ARBATE

Fuir devant un Sanglier, ayant de quoy l'abatre,
Ce trait, Moron, n'est pas généreux...

MORON

J'y consens;
Il n'est pas généreux, mais il est de bon sens.

ARBATE

Mais par quelques exploits si l'on ne s'éternise...

MORON

Je suis vostre valet, et j'ayme mieux qu'on dise:
« *C'est icy qu'en fuyant, sans se faire prier,*
Moron sauva ses jours des fureurs d'un Sanglier »,
Que si l'on y disoit: « *Voilà l'illustre place*
Où le brave Moron, d'une héroïque audace
Affrontant d'un Sanglier l'impétueux effort,
Par un coup de ses dents vit terminer son sort ».

EURIALE

Fort bien...

MORON

Ouy, j'ayme mieux, n'en déplaise à la gloire,
Vivre au monde deux jours que mille ans dans l'histoire.
XII.   8

EURIALE

En effet ton trépas fascheroit tes amis ;
Mais, si de ta frayeur ton esprit est remis,
Puis-je te demander si du feu qui me brûle...

MORON

Il ne faut point, Seigneur, que je vous dissimule ;
Je n'ay rien fait encor, et n'ay point rencontré
De temps pour luy parler, qui fût selon mon gré.
L'office de Bouffon a des prérogatives,
Mais souvent on rabat nos libres tentatives ;
Le discours de vos feux est un peu délicat,
Et c'est chez la Princesse une affaire d'Estat ;
Vous sçavez de quel titre elle se glorifie,
Et qu'elle a dans la teste une Philosophie
Qui déclare la guerre au conjugal lien,
Et vous traitte l'Amour de Déité de rien.
Pour n'effaroucher point son humeur de tygresse
Il me faut manier la chose avec adresse,
Car on doit regarder comme l'on parle aux Grans,
Et vous estes par fois d'assez fascheuses gens
Laissez-moy doucement conduire cette trame ;
Je me sens là pour vous un zèle tout de flâme ;
Vous estes né mon Prince, et quelques autres nœuds
Pourroient contribuer au bien que je vous veux.
Ma Mère, dans son temps, passoit pour assez belle,

Et naturellement n'estoit pas fort cruelle ;
Feu vostre Père alors, ce Prince généreux,
Sur la galanterie estoit fort dangereux,
Et je sçay qu'Elpénor, qu'on appelloit mon Père,
A cause qu'il estoit le mary de ma Mère,
Contoit pour grand honneur aux Pasteurs d'aujourd'huy
Que le Prince autrefois estoit venu chez luy,
Et que, durant ce temps, il avoit l'avantage
De se voir salué de tous ceux du village.
Baste, quoy qu'il en soit, je veux par mes travaux...
Mais voicy la Princesse et deux de vos Rivaux.

SCÈNE TROISIESME

La Princesse d'Elide parut en suite avec les Princes de Messène et de
Pyle, lesquels firent remarquer en eux des caractères bien différens de
celuy du Prince d'Ithaque, et luy cédèrent dans le cœur de la Princesse
tous les avantages qu'il y pouvoit desirer. Cette aymable Princesse ne
tesmoigna pas pourtant que le mérite de ce Prince eust fait aucune
impression sur son esprit, et qu'elle l'eust quasi remarqué ; elle tesmoigna toûjours, comme une autre Diane, n'aymer que la Chasse et les
Forests, et, lors que le Prince de Messéne voulut luy faire valoir le service qu'il luy avoit rendu en la desfaisant d'un fort grand Sanglier qui
l'avoit attaquée, elle lui dit que, sans rien diminuer de sa reconnoissance, elle trouvoit son secours d'autant moins considérable qu'elle
en avoit tué toute seule d'aussi furieux, et fut peut-estre bien encore
venuë à bout de celuy-cy.

LA PRINCESSE et sa Suite.
ARISTOMÈNE, THÉOCLE, EURIALE,
ARBATE, MORON

ARISTOMÈNE

Reprochez-vous, Madame, à nos justes alarmes,
Ce péril dont tous deux avons sauvé vos charmes ?
J'aurois pensé, pour moy, qu'abattre sous nos coups
Ce Sanglier, qui portoit sa fureur jusqu'à vous,
Estoit une avanture, ignorant vostre Chasse,
Dont à nos bons destins nous deussions rendre grace;
Mais à cette froideur je connois clairement
Que je dois concevoir un autre sentiment,
Et quereller du Sort la fatalle puissance
Qui me fait avoir part à ce qui vous offence.

THÉOCLE

Pour moy, je tiens, Madame, à sensible bon-heur
L'action où pour vous a volé tout mon cœur,
Et ne puis consentir, malgré vostre murmure,
A quereller le Sort d'une telle avanture.
D'un objet odieux je sçay que tout déplaist,
Mais, deut vostre courroux estre plus grand qu'il n'est,
C'est extrême plaisir, quand l'amour est extrême,
De pouvoir d'un péril affranchir ce qu'on ayme.

LA PRINCESSE

Et pensez-vous, Seigneur, puis qu'il me faut parler,

Qu'il eût en ce péril de quoy tant m'ébranler,
Que l'arc et que le dard, pour moy si pleins de charmes,
Ne soient entre mes mains que d'inutilles armes,
Et que je fasse, enfin, mes plus fréquens emplois
De parcourir nos monts, nos plaines et nos bois,
Pour n'oser en chassant concevoir l'espérance
De suffire moy seule à ma propre deffence?
Certes avec le temps j'aurois bien profité
De ces soins assidus dont je fais vanité,
S'il falloit que mon bras, dans une telle queste,
Ne pust pas triompher d'une chétive beste.
Du moins, si pour prétendre à de sensibles coups,
Le commun de mon sexe est si mal avec vous,
D'un étage plus haut accordez-moy la gloire,
Et me faites tous deux cette grace de croire,
Seigneurs, que, quel que fût le Sanglier d'aujourd'huy,
J'en ay mis bas, sans vous, de plus méchans que luy.

THÉOCLE

Mais, Madame...

LA PRINCESSE

           Et bien soit, je voy que vostre envie
Est de persuader que je vous dois la vie.
J'y consens; ouy, sans vous c'estoit fait de mes jours;
Je rends de tout mon cœur grace à ce grand secours,
Et je vais de ce pas au Prince pour luy dire
Les bontez que pour moy vostre amour vous inspire.

SCÈNE QUATRIESME

EURIALE, MORON, ARBATE

MORON

Heu. A-t-on jamais veu de plus farouche esprit ?
De ce vilain Sanglier l'heureux trépas l'aigrit.
O, comme volontiers j'aurois d'un beau salaire
Récompensé tantost qui m'en eust sçeu deffaire !

ARBATE

Je vous vois tout pensif, Seigneur, de ses dédains,
Mais ils n'ont rien qui doive empescher vos desseins;
Son heure doit venir, et c'est à vous, possible,
Qu'est réservé l'honneur de la rendre sensible.

MORON

Il faut qu'avant la Course elle apprenne vos feux,
Et je...

EURIALE

        Non, ce n'est plus, Moron, ce que je veux;
Garde toy de rien dire, et me laisse un peu faire.
J'ay résolu de prendre un chemin tout contraire;
Je voy trop que son cœur s'obstine à dédaigner
Tous ces profonds respects qui pensent la gagner,
Et le Dieu, qui m'engage à soûpirer pour elle,
M'inspire pour la vaincre une adresse nouvelle.

Ouy, c'est luy d'où me vient ce soudain mouvement,
Et j'en attens de luy l'heureux évènement.

ARBATE

Peut-on sçavoir, Seigneur, par où vostre espérance...

EURIALE

Tu le vas voir; allons, et garde le silence.

DEUXIEME
INTERMEDE

ARGUMENT

L'*Agréable Moron laissa aller le Prince pour parler de sa passion naissante aux bois et aux rochers, et, faisant retentir partout le beau nom de sa Bergère Philis, un Echo ridicule luy respondant bizarement, il y prit si grand plaisir que, riant en cent manières, il fit respondre autant de fois cet Echo, sans tesmoigner d'en estre ennuyé. Mais un Ours vint interrompre ce beau divertissement, et le surprit si fort, par cette veue peu attendue, qu'il donna de sensibles marques de sa peur; elle luy fit faire devant l'Ours toutes les soumissions dont il se put aviser pour l'adoucir. Enfin, se jettant à un arbre pour y monter, comme il vit que l'Ours y vouloit grimper aussy bien que luy, il cria au secours d'une voix si haute, qu'elle attira huit Paysans armez de bastons à deux bouts et d'espieux, pendant qu'un autre Ours parut en suite du premier. Il se fit un combat, qui finit par la mort d'un des Ours et par la fuite de l'autre.*

SCÈNE PREMIÈRE

MORON

JUSQU'AU revoir. Pour moy, je reste icy, et j'ay une petite conversation à faire avec ces arbres et ces rochers.

Bois, Prez, Fontaines, Fleurs,
  qui voyez mon teint blesme,
Si vous ne le sçavez, je vous
aprens que j'ayme ;
Philis est l'objet charmant
Qui tient mon cœur à l'attache,
Et je devins son amant
La voyant traire une vache.
Ses doigts, tout pleins de laict, et plus blancs mille fois,
Pressoient les bouts du pis d'une grace admirable ;
  Ouf ! cette idée est capable
  De me réduire aux abois.
Ah, Philis,
        — *Philis, Philis.*

Ah, hem, ah;

        — *Ah, ah.*

Hi.

    — *Hi, hi, hi.*

Oh.

    — *Oh, oh, oh.*

Voilà un Echo qui est bouffon.

                     — *Hom, hom, hom.*

Ha.

    — *Ha, ha, ha.*

Uh.

    — *Uh, uh, uh.*

Voilà un Echo qui est bouffon.

SCÈNE DEUXIESME

UN OURS, MORON

Ah, Monsieur l'Ours, je suis vostre serviteur de tout mon cœur; de grace, épargnez-moy. Je vous asseure que je ne vaux rien du tout à manger. Je n'ay que la peau et les os, et je voy de certaines gens là-bas qui seroient bien mieux vostre affaire. Eh! eh! eh! Monseigneur, tout doux, s'il vous plaist. La, la, la, la, ah, Monseigneur, que vostre Altesse est jolie et bien faite!

Elle a tout à fait l'air galand et la taille la plus mignonne du monde. Ah, beau poil, belle teste, beaux yeux, brillans et bien fendus ! Ah ! beau petit nez, belle petite bouche, petites quenotes jolies ! Ah, belle gorge, belles petites menottes, petits ongles bien faits. A l'aide, au secours ; je suis mort, miséricorde ; pauvre Moron ; ah, mon Dieu, et viste, à moy ; je suis perdu !

Les Chasseurs paroissent.

Eh, Messieurs, ayez pitié de moy ! Bon, Messieurs, tuez-moy ce vilain animal-là ; O Ciel, daigne les assister. Bon ; le voilà qui fuit ; le voilà qui s'arreste, et qui se jette sur eux. Bon ; en voilà un qui vient de luy donner un coup dans la gueule. Les voilà tous à l'entour de luy. Courage, ferme ; allons, mes amis. Bon, poussez fort ; encore. Ah, le voilà qui est à terre. C'en est fait, il est mort ; descendons maintenant pour luy donner cent coups. Serviteur, Messieurs. Je vous rends grace de m'avoir délivré de cette beste. Maintenant que vous l'avez tuée, je m'en vais l'achever et en triompher avec vous.

Ces heureux Chasseurs n'eurent pas plustost remporté cette victoire que Moron, devenu brave par l'éloignement du péril, voulut aller donner mille coups à la beste, qui n'estoit plus en état de se deffendre, et fit tout ce qu'un fanfaron, qui n'auroit pas esté trop hardy, eust pû faire en cette occasion ; et les Chasseurs, pour tesmoigner leur joye, dansèrent une fort belle Entrée. C'estoient M. Mançeau, les Sieurs Chicanneau, Baltazard, Noblet, Bonard, Magny et la Pierre.

ACTE DEUXIESME

ARGUMENT

Le Prince d'Ithaque et la Princesse eurent une conversation fort galante sur la Course des Chars, qui se préparoit. Elle avoit dit auparavant à une des Princesses ses Parentes que l'insensibilité du Prince d'Ithaque luy donnoit de la peine et luy estoit honteuse; qu'encore qu'elle ne voulust rien aymer, il estoit bien fascheux de voir qu'il n'aymoit rien et que, quoy qu'elle eust résolu de n'aller point voir les Courses, elle s'y vouloit rendre, dans le dessein de tascher à triompher de la liberté d'un homme qui la chérissoit si fort. Il estoit facile de juger

que le mérite de ce Prince produisoit son effet ordinaire, que
ses belles qualitez avoient touché ce cœur superbe et commencé
à fondre une partie de cette glace qui avoit résisté jusques alors
à toutes les ardeurs de l'Amour, et, plus il affectoit (par le
conseil de Moron, qu'il avoit gagné et qui connoissoit fort le
cœur de la Princesse) de paroistre insensible quoy qu'il ne fût
que trop amoureux, plus la Princesse se mettoit dans la teste
de l'engager, quoy qu'elle n'eust pas fait le dessein de s'engager
elle-mesme. Les Princes de Messène et de Pyle prirent lors
congé d'elle pour s'aller préparer aux Courses, et, luy parlant de
l'espérance qu'ils avoient de vaincre par le desir qu'ils sentoient
de luy plaire, celuy d'Ithaque luy tesmoigna au contraire que,
n'ayant jamais rien aymé, il alloit essayer à vaincre pour sa
propre satisfaction, ce qui la picqua encore davantage à vouloir
soumettre un cœur déjà assez soumis, mais qui sçavoit déguiser
ses sentimens le mieux du monde.

SCÈNE PREMIÈRE

LA PRINCESSE, AGLANTE, CINTHIE

LA PRINCESSE

UY, j'ayme à demeurer dans
ces paisibles lieux;
On n'y descouvre rien qui
n'enchante les yeux,
Et de tous nos Palais la sça-
vante structure
Cède aux simples beautez
qu'y forme la Nature:
Ces arbres, ces rochers, cette eau, ces gazons frais
Ont pour moy des appas à ne lasser jamais.

AGLANTE

Je chéris comme vous ces retraites tranquilles,
Où l'on se vient sauver de l'embarras des Villes.
De mille objets charmans ces lieux sont embellis,
Et ce qui doit surprendre, est qu'aux portes d'Elis
La douce passion de fuir la multitude
Rencontre une si belle et vaste solitude;
Mais, à vous dire vray, dans ces jours esclatans
Vos retraites icy me semblent hors de temps,

XII. •   10

Et c'est fort mal-traiter l'appareil magnifique
Que chaque Prince a fait pour la Feste publique.
Ce spectacle pompeux de la Course des Chars
Devroit bien mériter l'honneur de vos regards.

LA PRINCESSE

Quel droit ont-ils chacun d'y vouloir ma présence,
Et que dois-je, après tout, à leur magnificence ?
Ce sont soins que produit l'ardeur de m'acquérir,
Et mon cœur est le prix, qu'ils veulent tous courir ;
Mais, quelque espoir qui flate un projet de la sorte,
Je me tromperay fort si pas un d'eux l'emporte.

CINTHIE

Jusques à quand ce cœur veut-il s'effaroucher
Des innocens desseins qu'on a de le toucher,
Et regarde les soins, que pour vous on se donne,
Comme autant d'attentats contre vostre personne ?
Je sçay qu'en desfendant le party de l'Amour
On s'expose chez vous à faire mal sa cour ;
Mais ce que, par le sang, j'ay l'honneur de vous estre
S'oppose aux duretez que vous faites paroistre,
Et je ne puis nourrir d'un flateur entretien
Vos résolutions de n'aymer jamais rien.
Est-il rien de plus beau que l'innocente flâme
Qu'un mérite esclatant allume dans une ame,
Et seroit-ce un bon-heur de respirer le jour,

Si d'entre les mortels on bannissoit l'Amour ?
Non, non, tous les plaisirs se goustent à le suivre,
Et vivre sans aymer n'est pas proprement vivre.

ADVIS

Le dessein de l'Autheur estoit de traiter ainsi toute la Comédie; mais un commandement du Roy, qui pressa cette affaire, l'obligea d'achever tout le reste en Prose, et de passer légèrement sur plusieurs Scénes, qu'il auroit estenduès davantage s'il avoit eu plus de loisir.

AGLANTE

Pour moy, je tiens que cette passion est la plus agréable affaire de la vie, qu'il est nécessaire d'aimer pour vivre heureusement, et que tous les plaisirs sont fades s'il ne s'y mesle un peu d'amour.

LA PRINCESSE

Pouvez-vous bien toutes deux, estant ce que vous estes, prononcer ces paroles, et ne devez-vous pas rougir d'appuyer une passion qui n'est qu'erreur, que foiblesse et qu'emportement, et dont tous les désordres ont tant de répugnance avec la gloire de nostre sexe ? J'en prétens soustenir l'honneur jusqu'au dernier moment de ma vie, et ne veux point du tout me commettre à ces gens, qui font les esclaves auprès de nous pour devenir un jour nos tyrans. Toutes ces larmes, tous ces soûpirs, tous ces hommages, tous ces respects sont des embusches qu'on tend à nostre cœur, et qui souvent l'engagent à commettre des lachetez. Pour moy, quand je regarde certains exemples, et les bas-sesses épouvantables où cette passion ravale les per-sonnes sur qui elle étend sa puissance, je sens tout mon cœur qui s'émeut, et je ne puis souffrir qu'une ame, qui fait profession d'un peu de fierté, ne trouve pas une honte horrible à de telles foiblesses.

CINTHIE

Eh, Madame, il est de certaines foiblesses qui ne sont point honteuses, et qu'il est beau mesme d'avoir dans les plus hauts degrez de gloire. J'espère que vous changerez un jour de pensée, et, s'il plaist au Ciel, nous verrons vostre cœur, avant qu'il soit peu...

LA PRINCESSE

Arrestez. N'achevez pas ce souhait estrange ; j'ay une horreur trop invincible pour ces sortes d'abbaissemens, et, si jamais j'estois capable d'y descendre, je serois personne, sans doute, à ne me le point pardonner.

AGLANTE

Prenez garde, Madame; l'Amour sçait se vanger des mespris que l'on fait de luy, et peut-estre...

LA PRINCESSE

Non, non; je brave tous ses traits, et le grand pou-voir qu'on luy donne n'est rien qu'une chimère, qu'une excuse des foibles cœurs, qui le font invincible pour authoriser leur foiblesse.

CINTHIE

Mais enfin, toute la Terre reconnoist sa puissance, et vous voyez que les Dieux mesmes sont assujettis à son empire. On nous fait voir que Jupiter n'a pas aymé pour une fois, et que Diane mesme, dont vous affectez tant l'exemple, n'a pas rougy de pousser des soûpirs d'amour.

LA PRINCESSE

Les croyances publiques sont toûjours meslées d'erreur. Les Dieux ne sont point faits comme les fait le vulgaire, et c'est leur manquer de respect que de leur attribuer les foiblesses des hommes.

SCÈNE DEUXIESME

MORON, LA PRINCESSE, AGLANTE, CINTHIE, PHILIS

AGLANTE

Vien, approche, Moron, vien nous ayder à deffendre l'Amour contre les sentimens de la Princesse.

LA PRINCESSE

Voilà vostre party fortifié d'un grand deffenseur.

MORON

Ma foy, Madame, je croy qu'après mon exemple il n'y a plus rien à dire, et qu'il ne faut plus mettre en doute le pouvoir de l'Amour. J'ay bravé ses armes assez long-temps, et fait de mon drôle comme un autre ; mais enfin ma fierté a baissé l'oreille, et vous avez une traîtresse qui m'a rendu plus doux qu'un agneau. Après cela on ne doit plus faire aucun scrupule d'aymer, et, puis que j'ay bien passé par là, il peut bien y en passer d'autres.

CINTHIE

Quoy ? Moron se mesle d'aymer ?

MORON

Fort bien.

CINTHIE

Et de vouloir estre aymé ?

MORON

Et pourquoy non ? Est-ce qu'on n'est pas assez bien fait pour cela ? Je pense que ce visage est assez passable, et que pour le bel air, Dieu mercy, nous ne le cédons à personne.

CINTHIE

Sans doute on auroit tort...

SCÈNE TROISIESME

LYCAS, LA PRINCESSE, AGLANTE,
CINTHIE, PHILIS, MORON

LYCAS

Madame, le Prince vostre Père vient vous trouver
icy, et conduit avec luy les Princes de Pyle, et d'Ithaque,
et celuy de Messène.

LA PRINCESSE

O Ciel! Que prétent-il faire en me les amenant?
Auroit-il résolu ma perte, et voudroit-il bien me forcer
au choix de quelqu'un d'eux ?

SCÈNE QUATRIESME

LE PRINCE, EURIALE, ARISTOMÈNE, THÉOCLE,
LA PRINCESSE, AGLANTE, CINTHIE,
PHILIS, MORON

LA PRINCESSE

Seigneur, je vous demande la licence de prévenir,
par deux paroles, la déclaration des pensées que vous
pouvez avoir. Il y a deux véritez, Seigneur, aussi cons-
tantes l'une que l'autre, dont je puis vous asseurer éga-
lement. L'une que vous avez un absolu pouvoir sur
moy, et que vous ne sçauriez m'ordonner rien où je

ne responde aussi-tost par une obéissance aveugle.
L'autre, que je regarde l'Hymenée ainsi que le trespas,
et qu'il m'est impossible de forcer cette aversion na-
turelle. Me donner un Mary, et me donner la mort,
c'est une mesme chose; mais vostre volonté va la
première, et mon obéissance m'est bien plus chère
que ma vie. Après cela, parlez, Seigneur; prononcez
librement ce que vous voulez.

LE PRINCE

Ma Fille, tu as tort de prendre de telles allarmes, et
je me plains de toy, qui peux mettre dans ta pensée
que je sois assez mauvais Père pour vouloir faire violence à tes sentimens, et me servir tiranniquement de
la puissance que le Ciel me donne sur toy. Je souhaite
à la vérité que ton cœur puisse aymer quelqu'un. Tous
mes vœux seroient satisfaits si cela pouvoit arriver, et
je n'ay proposé les Festes et les Jeux que je fais célé-
brer icy qu'afin d'y pouvoir attirer tout ce que la Grèce
a d'illustre et que, parmi cette noble jeunesse, tu
puisses enfin rencontrer où arrester tes yeux et déter-
miner tes pensées. Je ne demande, dis-je, au Ciel
autre bon-heur que celui de te voir un Espoux. J'ay
pour obtenir cette grace, fait encore ce matin un sacri-
fice à Vénus, et, si je sçay bien expliquer le langage
des Dieux, elle m'a promis un miracle; mais, quoy

qu'il en soit, je veux en user avec toy en Père qui chérit sa Fille. Si tu trouve où attacher tes vœux, ton choix sera le mien, et je ne considéreray ni intérests d'Estat, ny avantage d'Alliance. Si ton cœur demeure insensible, je n'entreprendray point de le forcer. Mais au moins sois complaisante aux civilitez qu'on te rend, et ne m'oblige point à faire les excuses de ta froideur. Traite ces Princes avec l'estime que tu leur dois; reçois avec reconnoissance les tesmoignages de leur zèle, et vien voir cette Course, où leur adresse va paroistre.

THÉOCLE

Tout le monde va faire des efforts pour emporter le prix de cette Course; mais, à vous dire vray, j'ay peu d'ardeur pour la victoire, puisque ce n'est pas vostre cœur qu'on y doit disputer.

ARISTOMÈNE

Pour moy, Madame, vous estes le seul prix que je me propose par tout. C'est vous que je croy disputer dans ces combats d'adresse, et je n'aspire maintenant à remporter l'honneur de cette Course que pour obtenir un degré de gloire qui m'approche de vostre cœur.

EURIALE

Pour moy, Madame, je n'y vais point du tout avec cette pensée. Comme j'ay fait, toute ma vie, profession de ne rien aymer, tous les soins que je prens ne

vont point où tendent les autres. Je n'ay aucune pré-
tention sur vostre cœur, et le seul honneur de la
Course est tout l'avantage où j'aspire.

Ils la quittent.

LA PRINCESSE

D'où sort cette fierté où l'on ne s'attendoit point ?
Princesses, que dites-vous de ce jeune Prince ? Avez-
vous remarqué de quel ton il l'a pris ?

AGLANTE

Il est vray que cela est un peu fier.

MORON

Ah, quelle brave botte il vient là de luy porter !

LA PRINCESSE

Ne trouvez-vous pas qu'il y auroit plaisir d'abaisser
son orgueil, et de soûmettre un peu ce cœur qui
tranche tant du brave ?

CINTHIE

Comme vous estes accoustumée à ne jamais recevoir
que des hommages et des adorations de tout le Monde,
un compliment pareil au sien doit vous surprendre, à
la vérité.

LA PRINCESSE

Je vous avoue que cela m'a donné de l'émotion, et
que je souhaiterois fort de trouver les moyens de chas-
tier cette hauteur. Je n'avois pas beaucoup d'envie de

me trouver à cette Course ; mais j'y veux aller exprès, et employer toute chose pour luy donner de l'amour.

CINTHIE

Prenez garde, Madame ; l'entreprise est péfilleuse, et, lors qu'on veut donner de l'amour, on court risque d'en recevoir.

LA PRINCESSE

Ah, n'appréhendez rien, je vous prie. Allons, je vous responds de moy.

SCÈNE PREMIÈRE

MORON, PHILIS

MORON

HILIS, demeure icy.

PHILIS

Non ; laisse-moy suivre les autres.

MORON

Ah, cruelle, si c'estoit Tircis qui t'en priast, tu demeurerois bien viste.

PHILIS

Cela se pourroit faire, et je demeure d'accord que je trouve bien mieux mon conte avec l'un qu'avec l'autre ; car il me divertit avec sa voix, et toy, tu m'estourdis de ton cacquet. Lors que tu chanteras aussi bien que luy, je te promets de t'écouter.

MORON

Eh, demeure un peu.

PHILIS

Je ne sçaurois.

MORON

De grace.

PHILIS

Point, te dis-je.

MORON

Je ne te laisseray point aller.

PHILIS

Ah, que de façons!

MORON

Je ne te demande qu'un moment à estre avec toy.

PHILIS

Et bien, oüy, j'y demeureray, pourveu que tu me promettes une chose.

MORON

Et quelle?

PHILIS

De ne me point parler du tout.

MORON

Eh, Philis?

PHILIS

A moins que de cela, je ne demeureray point avec
toy.

MORON

Veux-tu me...

PHILIS

Laisse-moy aller.

MORON

Et bien, oüy, demeure; je ne te diray mot.

PHILIS

Prens-y bien garde au moins; car à la moindre
parole je prens la fuitte.

MORON

Soit.

Il fait une Scène de gestes.

Ah! Philis...

Eh... Elle s'enfuit, et je ne sçaurois l'attraper. Voilà ce
que c'est; si je sçavois chanter, j'en ferois bien mieux
mes affaires. La pluspart des femmes aujourd'huy se
laissent prendre par les oreilles. Elles sont cause que
tout le monde se mesle de Musique, et l'on ne réussit auprès d'elles que par les petites chansons et les
petits vers qu'on leur fait entendre. Il faut que j'apprenne à chanter pour faire comme les autres. Bon;
voicy justement mon homme.

SCÈNE DEUXIESME

SATYRE, MORON

SATYRE

La, la, la.

MORON

Ah, Satyre, mon amy, tu sçais bien ce que tu m'as promis il y a long-temps. Aprens-moy à chanter, je te prie.

SATYRE

Je le veux; mais auparavant escoute une Chanson que je viens de faire.

MORON

Il est si accoustumé à chanter qu'il ne sçauroit parler d'autre façon. Allons, chante; j'escoute.

SATYRE

Je portois...

MORON

Une chanson, dis-tu?

SATYRE

Je port...

MORON

Une chanson à chanter?

SATYRE

Je port...

MORON

Chanson amoureuse? Peste!

SATYRE

Je portois dans une cage
Deux moyneaux que j'avois pris,
Lors que la jeune Cloris
Fit dans un sombre boccage
Briller, à mes yeux surpris,
Les fleurs de son beau visage.
Hélas! dis-je aux moyneaux, en recevant les coups
De ses yeux si sçavans à faire des conquestes,
Consolez-vous, pauvres petites bestes,
Celuy qui vous a pris est bien plus pris que vous.

Moron ne fut pas satisfait de cette Chanson, quoyqu'il la trouvast jolie; il en demanda une plus passionnée, et priant le Satyre de luy dire celle qu'il lui avoit ouy chanter quelques jours auparavant, il continua ainsi:

Dans vos chants si doux,
Chantez à ma belle,
Oyseaux, chantez tous
Ma peine mortelle.
Mais, si la cruelle
Se met en courroux
Au récit fidelle
Des maux que je sens pour elle,
Oyseaux, taisez-vous,
Oyseaux, taisez-vous.

XII.   12

Cette seconde Chanson ayant touché Moron fort sensiblement, il pria le Satyre de luy apprendre à chanter, et luy dit :

MORON

Ah ! qu'elle est belle ! Apprens-la moy.

SATYRE

La, la, la, la.

MORON

La, la, la, la.

SATYRE

Fa, fa, fa, fa.

MORON

Fa, toy-mesme.

Le Satyre s'en mit en colère, et peu à peu se mettant en posture d'en venir à des coups de poing, les Violons reprirent un air sur lequel ils dansèrent une plaisante Entrée.

De grâce , Moron,
ne le faire pirer que je suis die

ARGUMENT

La Princesse d'Élide estoit cependant dans d'estranges inquiétudes. Le Prince d'Ithaque avoit gagné le prix des Courses; elle
avoit, dans la suite de ce divertissement, fait des merveilles à
chanter et à la danse, sans qu'il parust que les dons de la nature et de l'art eussent esté quasi remarquez par le Prince
d'Ithaque; elle en fit de grandes plaintes à la Princesse sa
parente; elle en parla à Moron, qui fit passer cet insensible
pour un brutal; et enfin, le voyant arriver luy-mesme, elle ne
put s'empescher de luy en toucher fort sérieusement quelque chose.
Il luy respondit ingénûment qu'il n'aymoit rien, et qu'hors
l'amour de sa liberté, et les plaisirs, qu'elle trouvoit si agréables, de la solitude et de la chasse, rien ne le touchoit.

SCÈNE PREMIÈRE

LA PRINCESSE, AGLANTE, CINTHIE, PHILIS

CINTHIE

L est vray, Madame, que ce jeune Prince a fait voir une adresse non commune, et que l'air dont il a paru a esté quelque chose de surprenant. Il sort vainqueur de cette Course; mais je doute fort qu'il en sorte avec le mesme cœur qu'il y a porté; car enfin vous luy avez tiré des traits dont il est difficile de se deffendre; et, sans parler de tout le reste, la grâce de vostre danse, et la douceur de vostre voix ont eu des charmes aujourd'huy à toucher les plus insensibles.

LA PRINCESSE

Le voicy qui s'entretient avec Moron; nous scaurons un peu de quoy il luy parle. Ne rompons point encore leur entretien, et prenons cette route pour revenir à leur rencontre.

SCÈNE DEUXIESME

EURIALE, MORON, ARBATE .

EURYALE

Ah! Moron, je te l'avoue, j'ay esté enchanté, et jamais
tant de charmes n'ont frappé tout ensemble mes yeux
et mes oreilles. Elle est adorable en tout temps, il est
vray; mais ce moment l'a emporté sur tous les autres,
et des grâces nouvelles ont redoublé l'éclat de ses beautez. Jamais son visage ne s'est paré de plus vives couleurs, ny ses yeux ne se sont armez de traits plus vifs et
plus perçans. La douceur de sa voix a voulu se faire
paroistre dans un air tout charmant qu'elle a daigné
chanter, et les sons merveilleux qu'elle formoit pas-
soient jusqu'au fond de mon âme, et tenoient tous mes
sens dans un ravissement à ne pouvoir en revenir. Elle
a fait éclater ensuite une disposition toute divine, et
ses pieds amoureux sur l'émail d'un tendre gazon tra-
çoient d'aymables caractères qui m'enlevoient hors de
moy-mesme, et m'attachoient par des nœuds invaincibles
aux doux et justes mouvemens dont tout son corps
suivoit les mouvemens de l'harmonie. Enfin jamais
âme n'a eu de plus puissantes émotions que la mienne;
et j'ay pensé plus de vingt fois oublier ma résolution

pour me jetter à ses pieds, et luy faire un aveu sincère
de l'ardeur que je sens pour elle.

MORON

Donnez-vous en bien de garde, Seigneur, si vous
m'en voulez croire. Vous avez trouvé la meilleure invention du monde, et je me trompe fort si elle ne vous
réussit. Les femmes sont des animaux d'un naturel
bizarre ; nous les gastons par nos douceurs, et je croy
tout de bon que nous les verrions nous courir, sans
tous ces respects et ces soumissions, où les hommes
les acoquinent.

ARBATE

Seigneur, voicy la Princesse qui s'est un peu éloi-
gnée de sa suite.

MORON

Demeurez ferme, au moins, dans le chemin que vous
avez pris. Je m'en vais voir ce qu'elle me dira. Cependant promenez-vous icy dans ces petites routes, sans
faire aucun semblant d'avoir envie de la joindre ; et, si
vous l'abordez, demeurez avec elle le moins qu'il vous
sera possible.

SCÈNE TROISIESME

LA PRINCESSE, MORON

LA PRINCESSE

Tu as donc familiarité, Moron, avec le Prince d'Ithaque ?

MORON

Ah ! Madame, il y a long-temps que nous nous connoissons.

LA PRINCESSE

D'où vient qu'il n'est pas venu jusqu'icy, et qu'il a pris cette autre route quand il m'a veue ?

MORON

C'est un homme bizarre, qui ne se plaist qu'à entretenir ses pensées.

LA PRINCESSE

Estois-tu tantost au compliment qu'il m'a fait ?

MORON

Ouy, Madame, j'y estois ; et je l'ay trouvé un peu impertinent, n'en déplaise à Sa Principauté.

LA PRINCESSE

Pour moy, je le confesse, Moron, cette fuite m'a choquée ; et j'ay toutes les envies du monde de l'engager, pour rabattre un peu son orgueil.

MORON

Ma foy, Madame, vous ne feriez pas mal; il le
mériteroit bien; mais, à vous dire vray, je doute fort
que vous y puissiez réussir.

LA PRINCESSE

Comment?

MORON

Comment? C'est le plus orgueilleux petit vilain que
vous ayez jamais veu. Il luy semble qu'il n'y a personne
au Monde qui le mérite, et que la Terre n'est pas digne
de le porter.

LA PRINCESSE

Mais encore, ne t'a-t'il point parlé de moy?

MORON

Luy? Non.

LA PRINCESSE

Il ne t'a rien dit de ma voix et de ma danse?

MORON

Pas le moindre mot.

LA PRINCESSE

Certes ce mespris est choquant, et je ne puis souffrir
cette hauteur estrange de ne rien estimer.

MORON

Il n'estime et n'ayme que luy.

LA PRINCESSE

Il n'y a rien que je ne fasse pour le soumettre comme il faut.

MORON

Nous n'avons point de marbre dans nos montagnes qui soit plus dur et plus insensible que luy.

LA PRINCESSE

Le voilà.

MORON

Voyez-vous comme il passe, sans prendre garde à vous ?

LA PRINCESSE

De grâce, Moron, va le faire aviser que je suis icy, et l'oblige à me venir aborder.

SCÈNE QUATRIESME

LA PRINCESSE, EURIALE, MORON, ARBATE

MORON

Seigneur, je vous donne avis que tout va bien. La Princesse souhaite que vous l'abordiez ; mais songez bien à continuer vostre roole et, de peur de l'oublier, ne soyez pas long-temps avec elle.

LA PRINCESSE

Vous estes bien solitaire, Seigneur ; et c'est une

XII.

13

humeur bien extraordinaire que la vostre, de renoncer
ainsi à nostre sexe, et de fuyr, à vostre âge, cette galanterie dont se piquent tous vos pareils.

EURIALE

Cette humeur, Madame, n'est pas si extraordinaire
qu'on n'en trouvast des exemples sans aller loin d'icy;
et vous ne sçauriez condamner la résolution que j'ay
prise de n'aymer jamais rien, sans condamner aussi
vos sentimens.

LA PRINCESSE

Il y a grande différence, et ce qui sied bien à un
sexe, ne sied pas bien à l'autre. Il est beau qu'une
femme soit insensible, et conserve son cœur exempt
des flâmes de l'amour; mais ce qui est vertu en elle
devient un crime dans un homme, et, comme la beauté
est le partage de nostre sexe, vous ne sçauriez ne nous
point aymer, sans nous dérober les hommages qui
nous sont deus, et commettre une offence dont nous
devons toutes nous ressentir.

EURIALE

Je ne voy pas, Madame, que celles qui ne veulent
point aymer doivent prendre aucun intérest à ces sortes
d'offences.

LA PRINCESSE

Ce n'est pas une raison, Seigneur, et sans vouloir
aymer, on est tousjours bien ayse d'estre aymée.

EURIALE

Pour moy, je ne suis pas de mesme, et, dans le dessein où je suis de ne rien aymer, je serois fasché d'estre aymé.

LA PRINCESSE

Et la raison ?

EURIALE

C'est qu'on a obligation à ceux qui nous ayment, et que je serois fasché d'estre ingrat.

LA PRINCESSE

Si bien donc, que, pour fuyr l'ingratitude, vous aymeriez qui vous aymeroit ?

EURIALE

Moy, Madame ? Point du tout. Je dis bien que je serois fasché d'estre ingrat, mais je me résoudrois plustost de l'estre, que d'aymer.

LA PRINCESSE

Telle personne vous aymeroit; peut-estre que vostre cœur...

EURIALE

Non, Madame. Rien n'est capable de toucher mon cœur; ma liberté est la seule maistresse à qui je consacre mes vœux, et, quand le Ciel employeroit ses soins à composer une beauté parfaite; quand il employeroit en elle tous les dons les plus merveilleux, et du corps et de l'âme ; enfin, quand il exposeroit à mes yeux un miracle d'esprit, d'adresse et de beauté, et que cette personne m'aymeroit avec toutes les tendresses imaginables, je vous l'avoue franchement, je ne l'aymerois pas.

LA PRINCESSE

A-t-on jamais rien veu de tel ?

MORON

Peste soit du petit brutal. J'aurois bien envie de luy bailler un coup de poing.

LA PRINCESSE, *parlant en soy :*

Cet orgueil me confond, et j'ay un tel dépit que je ne me sens pas.

MORON, *parlant au Prince :*

Bon courage, Seigneur; voilà qui va le mieux du monde.

EURIALE

Ah, Moron, je n'en puis plus, et je me suis fait des efforts estranges.

LA PRINCESSE

C'est avoir une insensibilité bien grande que de parler comme vous faites.

EURIALE

Le Ciel ne m'a pas fait d'une autre humeur ; mais,

Madame, j'interromps vostre promenade, et mon respect doit m'advertir que vous aymez la solitude.

SCÈNE CINQUIESME

LA PRINCESSE, MORON, PHILIS, TIRCIS

MORON

Il ne vous en doit rien, Madame, en dureté de cœur.

LA PRINCESSE

Je donnerois volontiers tout ce que j'ay au Monde, pour avoir l'avantage d'en triompher.

MORON

Je le croy !

LA PRINCESSE

Ne pourrois-tu, Moron, me servir dans un tel dessein ?

MORON

Vous sçavez bien, Madame, que je suis tout à vostre service.

LA PRINCESSE

Parle luy de moy dans tes entretiens ; vante luy adroitement ma personne et les avantages de ma naissance, et tâche d'ébranler ses sentimens par la douceur de quelque espoir. Je te permets de dire tout ce que tu voudras, pour tâcher à me l'engager.

MORON

Laissez-moy faire.

LA PRINCESSE

C'est une chose qui me tient au cœur; je souhaite ardemment qu'il m'ayme.

MORON

Il est bien fait, ouy, ce petit pendart-là. Il a bon air, bonne phisionomie, et je croy qu'il seroit assez le fait d'une jeune Princesse.

LA PRINCESSE

Enfin tu peux tout espérer de moy, si tu trouves moyen d'enflammer pour moy son cœur.

MORON

Il n'y a rien qui ne se puisse faire; mais, Madame, s'il venoit à vous aymer, que feriez-vous, s'il vous plaist ?

LA PRINCESSE

Ah, ce seroit lors que je prendrois plaisir à triom-pher pleinement de sa vanité, à punir son mépris par mes froideurs, et à exercer sur luy toutes les cruautez que je pourrois imaginer.

MORON

Il ne se rendra jamais.

LA PRINCESSE

Ah, Moron, il faut faire en sorte qu'il se rende.

MORON

Non; il n'en fera rien. Je le connois, ma peine seroit inutile.

LA PRINCESSE

Si faut-il pourtant tenter toute chose, et esprouver si son ame est entièrement insensible. Allons, je veux luy parler et suivre une pensée qui vient de me venir.

QUATRIEME INTERMEDE

SCÈNE PREMIÈRE

PHILIS, TIRCIS

PHILIS

ıEN, Tircis, laissons les aller, et me dis un peu ton martyre de la façon que tu sçais faire. Il y a long-temps que tes yeux me parlent, mais je suis plus ayse d'ouyr ta voix.

TIRCIS, *en chantant :*

Tu m'escoutes, hélas, dans ma triste langueur,
Mais je n'en suis pas mieux, ô beauté sans pareille,
Et je touche ton oreille
Sans que je touche ton cœur.

XII   14

PHILIS

Va, va, c'est déjà quelque chose que de toucher l'oreille, et le temps amène tout. Chante-moy cependant quelque plainte nouvelle que tu ayes composée pour moy.

SCÈNE DEUXIESME

MORON, PHILIS, TIRCIS

MORON

Ah, ah, je vous y prends, cruelle; vous vous écartez des autres pour ouyr mon rival?

PHILIS

Ouy, je m'écarte pour cela. Je te le dis encore; je me plais avec luy, et l'on écoute volontiers les Amans lors qu'ils se plaignent aussi agréablement qu'il fait. Que ne chante-tu comme luy? Je prendrois plaisir à t'écouter.

MORON

Si je ne sçay chanter, je sçay faire autre chose, et quand...

PHILIS

Tais-toi? Je veux l'entendre. Dis, Tircis, ce que tu voudras.

MORON

Ah, cruelle...

PHILIS

Silence, dis-je, ou je me mettray en colère.

TIRCIS, *en chantant:*

Arbres espais, et vous, prez esmaillez,
La beauté, dont l'Hyver vous avoit despouillez,
*   Par le Printemps vous est rendue;*
*   Vous reprenez tous vos appas;*
*   Mais mon ame ne reprend pas*
*   La joye, hélas! que j'ay perduë.*

MORON

Morbleu, que n'ay-je de la voix! Ah, Nature ma-
rastre, pourquoy ne m'as-tu pas donné de quoy chanter
comme à un autre?

PHILIS

En vérité, Tircis, il ne se peut rien de plus agréable, et tu l'emportes sur tous les Rivaux que tu as.

MORON

Mais pourquoy est-ce que je ne puis pas chanter? N'ay-je pas un estomach, un gosier, et une
langue comme un autre? Ouy, ouy, allons, je veux
chanter aussi, et te montrer que l'Amour fait faire

toutes choses. Voicy une chanson, que j'ay faite pour toy.

Ouy ? Dis ; je veux bien t'écouter pour la rareté du fait.

Courage, Moron, il n'y a qu'à avoir de la hardiesse.

Moron chante :

> *Ton extrême rigueur*
> *S'acharne sur mon cœur ;*
> *Ah, Philis, je trespasse ;*
> *Daigne me secourir.*
> *En seras-tu plus grasse*
> *De m'avoir fait mourir ?*

Vivat, Moron.

Voilà qui est le mieux du Monde ; mais, Moron, je souhaiterois bien d'avoir la gloire que quelque Amant fût mort pour moy. C'est un avantage dont je n'ay pas encor jouy, et je trouve que j'aymerois de tout mon cœur une personne qui m'aymeroit assez pour se donner la mort.

Tu aymerois une personne qui se tueroit pour toy ?

PHILIS

Ouy.

MORON

Il ne faut que cela pour te plaire ?

PHILIS

Non.

MORON

Voilà qui est fait. Je te veux montrer que je me sçay tuer quand je veux.

TIRCIS *chante :*

*Ah, quelle douceur extrême,
De mourir pour ce qu'on ayme* (bis).

MORON

C'est un plaisir que vous aurez quand vous voudrez.

TIRCIS *chante :*

*Courage, Moron ; meurs promptement
En généreux Amant.*

MORON

Je vous prie de vous mesler de vos affaires, et de me laisser tuer à ma fantaisie. Allons, je vais faire honte à tous les Amans. Tien, je ne suis pas homme à faire tant de façons ; voy ce poignard ; prens bien garde comme je vais me percer le cœur. *Se riant de Tircis* : Je suis vostre serviteur ; quelque niais.

PHILIS

Allons, Tircis, viens-t'en me redire à l'écho ce que tu m'as chanté.

Madame, je viens à vos pieds
rendre grâce à l'amour

ARGUMENT

La Princesse espérant par une feinte pouvoir descouvrir les sentimens du Prince d'Ithaque, elle luy fit confidence qu'elle aymoit le Prince de Messène. Au lieu d'en paroistre affligé, il luy rendit la pareille et luy fit connoistre que la Princesse sa parente luy avoit donné dans la veue, et qu'il la demanderoit en Mariage au Roy son Père. A cette atteinte imprévenue cette Princesse perdit toute sa constance, et, quoy qu'elle essayast à se contraindre devant luy, aussi-tost qu'il fut sorty, elle demanda avec tant d'empressement à sa Cousine de ne recevoir point les services de ce Prince, et de ne l'espouser jamais, qu'elle ne put le luy refuser. Elle s'en plaignit mesme à Moron, qui, luy ayant dit assez franchement qu'elle l'aymoit donc, en fut chassé de sa présence.

SCÈNE PREMIÈRE

EURIALE, LA PRINCESSE, MORON

LA PRINCESSE

RINCE, comme jusques icy nous avons fait paroistre une conformité de sentimens, et que le Ciel a semblé mettre en nous mesmes attachemens pour nostre liberté, et mesme aversion pour l'Amour; je suis bien ayse de vous ouvrir mon cœur, et de vous faire confidence d'un changement dont vous serez surpris. J'ay toujours regardé l'Hymen comme une chose affreuse, et j'avois fait serment d'abandonner plûtost la vie que de me résoudre jamais à perdre cette liberté pour qui j'avois des tendresses si grandes; mais, enfin, un moment a dissipé toutes ces résolutions. Le mérite d'un Prince m'a frappé aujourd'huy les yeux, et mon ame tout d'un coup, comme par un miracle, est devenue sensible aux traits de cette passion que j'avois toûjours mesprisée. J'ay trouvé d'abord des raisons pour authoriser ce changement, et je puis l'appuyer de la volonté de respondre

aux ardantes sollicitations d'un Père et aux vœux de
tout un Estat ; mais, à vous dire vray, je suis en peine
du jugement que vous ferez de moy, et je voudrois
sçavoir si vous condamnerez ou non le dessein que
j'ay de me donner un Espoux.

EURIALE

Vous pourriez faire un tel choix, Madame, que je
l'approuverois sans doute.

LA PRINCESSE

Qui croyez-vous, à vostre avis, que je veuille choisir ?

EURIALE

Si j'estois dans vostre cœur, je pourrois vous le
dire ; mais, comme je n'y suis pas, je n'ay garde de
vous respondre.

LA PRINCESSE

Devinez pour voir, et nommez quelqu'un.

EURIALE

J'aurois trop peur de me tromper.

LA PRINCESSE

Mais encore, pour qui souhaiteriez-vous que je me
déclarasse ?

EURIALE

Je sçay bien, à vous dire vray, pour qui je le souhaiterois ; mais, avant que de m'expliquer, je dois sçavoir vostre pensée.

XII.   15

LA PRINCESSE

Et bien, Prince, je veux bien vous la descouvrir. Je suis seure que vous allez aprouver mon choix, et, pour ne vous point tenir en suspent davantage, le Prince de Messène est celuy de qui le mérite s'est attiré mes vœux.

EURIALE

O Ciel !

LA PRINCESSE

Mon invention a réussi, Moron ; le voilà qui se trouble.

MORON, *parlant à la Princesse :*

Bon, Madame. — *Au Prince :* Courage, Seigneur. — *A la Princesse :* Il en tient. — *Au Prince :* Ne vous défaites pas.

LA PRINCESSE

Ne trouvez-vous pas que j'ay raison, et que ce Prince a tout le mérite qu'on peut avoir ?

MORON, *au Prince :*

Remettez-vous, et songez à respondre.

LA PRINCESSE

D'où vient, Prince, que vous ne dites mot, et semblez interdit ?

EURIALE

Je le suis à la vérité, et j'admire, Madame, comme

le Ciel a pû former deux ames aussi semblables en
tout que les nostres, deux ames en qui l'on ait veu
une plus grande conformité de sentimens, qui ayent
fait éclater dans le mesme temps une résolution à braver les traits de l'Amour, et qui dans le mesme moment
ayent fait paroistre une égale facilité à perdre le nom
d'insensibles. Car, enfin, Madame, puis que vostre
exemple m'authorise, je ne feindray point de vous dire
que l'Amour aujourd'huy s'est rendu maistre de mon
cœur, et qu'une des Princesses vos Cousines, l'aymable
et belle Aglante, a renversé d'un coup d'œil tous les
projets de ma fierté. Je suis ravy, Madame, que, par
cette égalité de défaite, nous n'ayons rien à nous
reprocher l'un et l'autre, et je ne doute point que,
comme je vous loue infiniment de vostre choix, vous
n'aprouviez aussi le mien. Il faut que ce miracle éclate
aux yeux de tout le monde, et nous ne devons point
différer à nous rendre tous deux contens. Pour moy,
Madame, je vous sollicite de vos suffrages pour obtenir celle que je souhaite, et vous trouverez bon que
j'aille de ce pas en faire la demande au Prince vostre
Père.

MORON

Ah, digne, ah, brave cœur !

SCÈNE DEUXIESME

LA PRINCESSE, MORON

LA PRINCESSE

Ah, Moron, je n'en puis plus, et ce coup, que je n'attendois pas, triomphe absolument de toute ma fermeté.

MORON

Il est vray que le coup est surprenant, et j'avois creu d'abord que vostre stratagême avoit fait son effet.

LA PRINCESSE

Ah, ce m'est un despit à me désespérer, qu'une autre ait l'avantage de soûmettre ce cœur que je voulois soûmettre.

SCÈNE TROISIESME

LA PRINCESSE, AGLANTE, MORON

LA PRINCESSE

Princesse, j'ay à vous prier d'une chose qu'il faut absolument que vous m'accordiez. Le Prince d'Ithaque vous ayme, et veut vous demander au Prince mon Père.

AGLANTE

Le Prince d'Ithaque, Madame ?

LA PRINCESSE

Ouy. Il vient de m'en asseurer luy-mesme, et m'a demandé mon suffrage pour vous obtenir ; mais je vous conjure de rejetter cette proposition, et de ne point prester l'oreille à tout ce qu'il pourra vous dire.

AGLANTE

Mais, Madame, s'il estoit vray que ce Prince m'ay-mast effectivement, pourquoy, n'ayant aucun dessein de vous engager, ne voudriez-vous pas souffrir...

LA PRINCESSE

Non, Aglante, je vous le demande, faites-moy ce plaisir, je vous prie, et trouvez bon que, n'ayant pû avoir l'avantage de le soûmettre, je luy dérobe la joye de vous obtenir.

AGLANTE

Madame, il faut vous obéir, mais je croirois que la conqueste d'un tel cœur ne seroit pas une victoire à dédaigner.

LA PRINCESSE

Non, non ; il n'aura pas la joye de me braver entiè-rement.

SCÈNE QUATRIESME

ARISTOMÈNE, MORON, LA PRINCESSE, AGLANTE

ARISTOMÈNE

Madame, je viens à vos pieds rendre grace à l'Amour de mes heureux destins, et vous tesmoigner, avec mes transports, le ressentiment où je suis des bontez surprenantes dont vous daignez favoriser le plus soumis de vos captifs.

LA PRINCESSE

Comment ?

ARISTOMÈNE

Le Prince d'Ithaque, Madame, vient de m'asseurer tout à l'heure, que vostre cœur avoit eu la bonté de s'expliquer en ma faveur sur ce célèbre choix qu'attend toute la Grèce.

LA PRINCESSE

Il vous a dit qu'il tenoit cela de ma bouche ?

ARISTOMÈNE

Ouy, Madame.

LA PRINCESSE

C'est un étourdy, et vous estes un peu trop crédule,

Prince, d'ajouster foy si promptement à ce qu'il vous a dit. Une pareille nouvelle mériteroit bien, ce me semble, qu'on en doutast un peu de tems, et c'est tout ce que vous pourriez faire de la croire, si je vous ·l'avois dite moy-mesme.

ARISTOMÈNE

Madame, si j'ay esté trop prompt à me persuader...

LA PRINCESSE

De grâce, Prince, brisons-là ce discours, et, si vous voulez m'obliger, souffrez que je puisse joüyr de deux momens de solitude.

SCÈNE CINQUIESME

LA PRINCESSE, AGLANTE, MORON

LA PRINCESSE

Ah, qu'en cette avanture le Ciel me traite avec une rigueur estrange! Au moins, Princesse, souvenez-vous de la prière que je vous ay faite.

AGLANTE

Je vous l'ay dit déjà, Madame; il faut vous obéir.

MORON

Mais, Madame, s'il vous aymoit, vous n'en voudriez

point, et cependant vous ne voulez pas qu'il soit à une autre. C'est faire justement comme le chien du Jardinier.

LA PRINCESSE

Non, je ne puis souffrir qu'il soit heureux avec une autre, et, si la chose estoit, je croy que j'en mourrois de déplaisir.

MORON

Ma foy, Madame, avouons la dette. Vous voudriez qu'il fût à vous, et, dans toutes vos actions, il est aysé de voir que vous aymez un peu ce jeune Prince.

LA PRINCESSE

Moy, je l'ayme? O Ciel! Je l'ayme? Avez-vous l'insolence de prononcer ces paroles? Sortez de ma veue, impudent, et ne vous présentez jamais devant moy.

MORON

Madame...

LA PRINCESSE

Retirez-vous d'icy, vous dis-je, ou je vous en feray retirer d'une autre manière.

MORON

Ma foy, son cœur en a sa provision, et...

Il rencontre un regard de la Princesse qui l'oblige à se retirer.

SCÈNE SIXIESME

De quelle émotion inconnuë sens-je mon cœur
atteint, et quelle inquiétude secrette est venue troubler
tout d'un coup la tranquillité de mon âme ? Ne seroit-
ce point aussi ce qu'on vient de me dire, et, sans en
rien sçavoir, n'aymerois-je point ce jeune Prince ? Ah,
si cela estoit, je serois une personne à me désespérer,
mais il est impossible que cela soit, et je voy bien que
je ne puis pas l'aymer. Quoy ? Je serois capable de
cette lascheté ? J'ay veu toute la Terre à mes pieds,
avec la plus grande insensibilité du monde. Les respects, les hommages et les soumissions n'ont jamais
pû toucher mon ame, et la fierté et le dédain en au-
roient triomphé ? J'ay mesprisé tous ceux qui m'ont
aymée, et j'aymerois le seul qui me mesprise ? Non,
non, je sçay bien que je ne l'ayme pas. Il n'y a pas de
raison à cela. Mais, si ce n'est pas de l'amour que ce
que je sens maintenant, qu'est-ce donc que ce peut
estre, et d'où vient ce poison, qui me court par toutes
les veines, et ne me laisse point en repos avec moy-
mesme ? Sors de mon cœur, qui que tu sois, ennemy
qui te caches; attaque moy visiblement, et deviens à
mes yeux la plus affreuse beste de tous nos bois, afin

que mon dart et mes flèches me puissent deffaire de toy. O vous, admirables personnes, qui par la douceur de vos chants avez l'art d'adoucir les plus fascheuses inquiétudes, approchez-vous d'icy, de grâce, et tâchez de charmer avec vostre Musique le chagrin où je suis.

CLIMÈNE, PHILIS

CLIMÈNE

HÈRE Philis, dis-moy, que crois-tu
de l'Amour ?

PHILIS

Toy-mesme, qu'en crois-tu, ma
compagne fidelle ?

CLIMÈNE

On m'a dit que sa flame est
pire qu'un Vautour,

Et qu'on souffre en aymant une peine cruelle;

PHILIS

On m'a dit qu'il n'est point de passion plus belle,
Et que ne pas aymer, c'est renoncer au jour.

CLIMÈNE

A qui des deux donnerons-nous victoire ?

PHILIS

Qu'en croyrons-nous, ou le mal ou le bien?

CLIMÈNE, PHILIS, *ensemble:*

Aymons; c'est le vray moyen
De sçavoir ce qu'on en doit croire.

PHILIS

Cloris vante partout l'Amour et ses ardeurs;

CLIMÈNE

Amarante pour luy verse en tous lieux des larmes.

PHILIS

Si de tant de tourmens il accable les cœurs,
D'où vient qu'on aime à luy rendre les armes?

CLIMÈNE

Si sa flâme, Philis, est si pleine de charmes,
Pourquoy nous deffend-on d'en gouster les douceurs?

PHILIS

A qui des deux donnerons-nous victoire?

CLIMÈNE

Qu'en croirons-nous, ou le mal ou le bien?

TOUTES DEUX ENSEMBLE:

Aymons, c'est le vray moyen
De sçavoir ce qu'on en doit croire.

LA PRINCESSE

Les interrompit en cet endroit, et leur dit :

Achevez seules, si vous voulez. Je ne sçaurois demeurer en repos, et, quelque douceur qu'ayent vos chants, ils ne font que redoubler mon inquiétude.

Mais voilà deux prudents
qui pourront bien vous entretenir de ce petit matou.

ARGUMENT

Il se passoit dans le cœur du Prince de Messène des choses bien différentes. La joye que luy avoit donnée le Prince d'Ithaque, en luy apprenant malicieusement qu'il estoit aymé de la Princesse, l'avoit obligé de l'aller trouver avec une inconsidération, que rien qu'une extrême amour ne pouvoit excuser, mais il en avoit esté reçeu d'une manière bien différente à ce qu'il espéroit. Elle luy demanda qui luy avoit appris cette nouvelle, et, quand elle eut sçeu que ç'avoit esté le Prince d'Ithaque, cette connoissance augmenta cruellement son mal, et luy fit dire, à demy désespérée : « C'est un estourdy », et ce mot estourdit si fort le Prince de Messène qu'il sortit tout confus sans luy pouvoir respondre. La Princesse d'un autre costé alla trouver le Roy son Père, qui venoit de paroistre avec le Prince *d'Ithaque, et qui luy tesmoignoit, non seulement la joye qu'il auroit euë de le voir entrer dans son alliance, mais mesme l'opinion qu'il commençoit d'avoir que sa Fille ne le haïssoit pas. Elle ne fut pas plus tost auprés de luy que, se jettant à ses pieds, elle luy demanda, pour la plus grande faveur qu'elle en pust jamais recevoir, que le Prince d'Ithaque n'épousast jamais la Princesse Aglante, ce qu'il luy promit solennellement ; mais il luy dit que, si elle ne vouloit point qu'il fust à une autre, il falloit qu'elle le prist pour elle. Elle lui respondit : « Il ne le voudroit pas », mais d'une manière si passionnée qu'il estoit aysé de connoistre les sentimens de son cœur. Alors le Prince, quittant toute sorte de feinte, luy confessa son amour et le stratagême dont il s'estoit servy pour venir au point où il se voyoit alors par la connoissance de son humeur. La Princesse luy donnant la main, le Roy se tourna vers les deux Princes de Messène et de Pyle, et leur demanda si ses deux Parentes, dont le mérite n'estoit pas moindre que la Qualité, ne seroient point capables de les consoler de leur disgrace ? Ils luy respondirent que, l'honneur de son alliance faisant tous leurs souhaits, ils ne pouvoient espérer une plus heureuse fortune. Alors la joie fut si grande dans le Palais qu'elle se respandit par tous les environs.*

SCÈNE PREMIÈRE

LE PRINCE, EURIALE, MORON,
AGLANTE, CINTHIE

MORON

uy, Seigneur, ce n'est point raillerie; j'en suis ce qu'on appelle disgracié. Il m'a falu tirer mes chausses au plus viste, et jamais vous n'avez veu un emportement plus brusque que le sien.

LE PRINCE

Ah, Prince, que je devray de graces à ce stratagême amoureux, s'il faut qu'il ait trouvé le secret de toucher son cœur!

EURIALE

Quelque chose, Seigneur, que l'on vienne de vous en dire, je n'ose encore, pour moy, me flater de ce doux espoir; mais enfin, si ce n'est pas à moy trop de témérité que d'oser aspirer à l'honneur de vostre alliance, si ma personne et mes Estats...

XII.   17

LE PRINCE

Prince, n'entrons point dans ces complimens. Je trouve en vous de quoy remplir tous les souhaits d'un Père, et, si vous avez le cœur de ma Fille, il ne vous manque rien.

SCÈNE DEUXIESME

LA PRINCESSE, LE PRINCE, EURIALE, AGLANTE, CINTHIE, MORON

LA PRINCESSE

O Ciel, que vois-je icy?

LE PRINCE

Ouy, l'honneur de vostre alliance m'est d'un prix très considérable, et je souscris aysément de tous mes suffrages à la demande que vous me faites.

LA PRINCESSE

Seigneur, je me jette à vos pieds pour vous deman-der une grace. Vous m'avez toûjours tesmoigné une tendresse extrême, et je croy vous devoir bien plus par les bontez que vous m'avez fait voir que par le jour que vous m'avez donné. Mais, si jamais pour moy vous avez eu de l'amitié, je vous en demande aujourd'hui la plus sensible preuve que vous me puissiez accorder; c'est de n'écouter point, Seigneur, la demande de ce Prince, et de ne pas souffrir que la Princesse Aglante soit unie avec luy.

LE PRINCE

Et par quelle raison, ma Fille, voudrois-tu t'opposer à cette union ?

LA PRINCESSE

Par la raison que je hais ce Prince, et que je veux, si je puis, traverser ses desseins.

LE PRINCE

Tu le hais, ma Fille ?

LA PRINCESSE

Ouy, de tout mon cœur, je vous l'avouë.

LE PRINCE

Et que t'a-t'il fait ?

LA PRINCESSE

Il m'a mesprisée.

LE PRINCE

Et comment ?

LA PRINCESSE

Il ne m'a pas trouvée assez bien faite pour m'addresser ses vœux.

LE PRINCE

Et quelle offence te fait cela ? Tu ne veux accepter personne.

LA PRINCESSE

N'importe. Il me devoit aymer comme les autres, et me laisser au moins la gloire de le refuser. Sa déclaration me fait un affront, et ce m'est une honte sensible qu'à mes yeux, et au milieu de vostre Cour, il a recherché une autre que moy.

LE PRINCE

Mais quel intérest dois-tu prendre à luy ?

LA PRINCESSE

J'en prens, Seigneur, à me vanger de son mespris, et, comme je sçay bien qu'il ayme Aglante avec beaucoup d'ardeur, je veux empescher, s'il vous plaist, qu'il ne soit heureux avec elle.

LE PRINCE

Cela te tient donc bien au cœur ?

LA PRINCESSE

Ouy, Seigneur, sans doute, et, s'il obtient ce qu'il demande, vous me verrez expirer à vos yeux.

LE PRINCE

Va, va, ma Fille, avoue franchement la chose. Le mérite de ce Prince t'a fait ouvrir les yeux, et tu l'aymes enfin, quoy que tu puisses dire.

LA PRINCESSE

Moy, Seigneur ?

LE PRINCE

Ouy, tu l'aymes.

LA PRINCESSE

Je l'ayme, dites-vous? Et vous m'imputez cette lascheté? O Ciel, quelle est mon infortune! Puis-je bien,
sans mourir, entendre ces paroles, et faut-il que je sois
si mal-heureuse qu'on me soupçonne de l'aymer? Ah,
si c'estoit un autre que vous, Seigneur, qui me tinst
ce discours, je ne sçay pas ce que je ne ferois point.

LE PRINCE

Hé bien, ouy, tu ne l'aymes pas. Tu le hais, j'y
consens, et je veux bien, pour te contenter, qu'il n'es-
pouse pas la Princesse Aglante.....

LA PRINCESSE

Ah, Seigneur, vous me donnez la vie.

LE PRINCE

Mais, afin d'empescher qu'il ne puisse estre jamais
à elle, il faut que tu le prennes pour toy.

LA PRINCESSE

Vous vous mocquez, Seigneur, et ce n'est pas ce
qu'il demande.

EURIALE

Pardonnez-moy, Madame, si je suis assez téméraire
pour cela, et je prends à tesmoin le Prince vostre
Père, si ce n'est pas vous que j'ay demandée. C'est

trop vous tenir dans l'erreur ; il faut lever le masque, et, deussiez-vous vous en prévaloir contre moy, descouvrir à vos yeux les véritables sentimens de mon cœur. Je n'ai jamais aymé que vous, et jamais je n'aymeray que vous. C'est vous, Madame, qui m'avez enlevé cette qualité d'insensible que j'avois toûjours affectée, et tout ce que j'ay pû vous dire n'a esté qu'une feinte qu'un mouvement secret m'a inspirée, et que je n'ay suivie qu'avec toutes les violences imaginables. Il falloit qu'elle cessast bien-tost, sans doute, et je m'estonne seulement qu'elle ait pû durer la moitié d'un jour : car enfin je mourois, je bruslois dans l'âme quand je vous déguisois mes sentiments, et jamais cœur n'a souffert une contrainte égale à la mienne. Que si cette feinte, Madame, a quelque chose qui vous offence, je suis tout prest de mourir pour vous en vanger. Vous n'avez qu'à parler, et ma main sur le champ fera gloire d'exécuter l'Arrest que vous prononcerez.

LA PRINCESSE

Non, non, Prince, je ne vous sçay pas mauvais gré de m'avoir abusée, et tout ce que vous m'avez dit, je l'ayme bien mieux une feinte que non pas une vérité.

LE PRINCE

Si bien donc, ma Fille, que tu veux bien accepter ce Prince pour Espoux.

LA PRINCESSE

Seigneur, je ne sçay pas encore ce que je veux. Don-
nez-moy le temps d'y songer, je vous prie, et m'épar-
gnez un peu la confusion où je suis.

LE PRINCE

Vous jugez, Prince, ce que cela veut dire, et vous
vous pouvez fonder là-dessus.

EURIALE

Je l'attendray tant qu'il vous plaira, Madame, cet
Arrest de ma destinée, et, s'il me condamne à la mort,
je le suivray sans murmure.

LE PRINCE

Vien, Moron, c'est icy un jour de paix, et je te
remets en grace avec la Princesse.

MORON

Seigneur, je seray meilleur Courtisan une autre fois,
et je me garderay bien de dire ce que je pense.

SCÈNE TROISIESME

ARISTOMÈNE, THÉOCLE, LE PRINCE, LA PRINCESSE,
AGLANTE, CINTHIE, MORON

LE PRINCE

Je crains bien, Princes, que le choix de ma Fille ne
soit pas vostre faveur; mais voilà deux Princesses qui
peuvent bien vous consoler de ce petit malheur.

ARISTOMÈNE

Seigneur, nous sçavons prendre nostre party, et, si,
ces aymables Princesses n'ont point trop de mespris
pour les cœurs qu'on a rebutez, nous pouvons revenir
par elles à l'honneur de vostre alliance.

SCÈNE QUATRIESME

PHILIS, ARISTOMÈNE, THÉOCLE, LE PRINCE,
LA PRINCESSE, AGLANTE,
CINTHIE, MORON

PHILIS

Seigneur, la Déesse Vénus vient d'annoncer partout le changement du cœur de la Princesse. Tous les

Pasteurs et toutes les Bergères en tesmoignent leur
joye par des danses et des chansons, et, si ce n'est
point un spectacle que vous méprisiez, vous allez voir
l'allégresse publique se répandre jusques icy.   •

VENUS

SIXIEME
INTERMEDE

CHOEUR DE PASTEURS ET DE BERGÈRES
qui dansent.

Quatre Bergers et deux Bergères Héroïques, repré-
sentez, les premiers, par les Sieurs le Gros, Estival,
Don et Blondel, et les deux Bergères par Mademoiselle de la Barre et Mademoiselle Hilaire, se prenant
par la main, chantèrent cette Chanson à danser, à
laquelle les autres respondirent :

CHANSON

SEZ mieux, ô beautez fières,
Du pouvoir de tout charmer ;
Aymez, aymables Bergères ;
Nos cœurs sont faits pour aymer.
Quelque fort qu'on s'en deffende,
Il y faut venir un jour ;
Il n'est rien qui ne se rende
Aux doux charmes de l'Amour.

Songez de bonne heure à suivre
Le plaisir de s'enflamer ;
Un cœur ne commence à vivre
Que du jour qu'il sçait aymer.
Quelque fort qu'on s'en deffende,
Il y faut venir un jour ;
Il n'est rien qui ne se rende
Aux doux charmes de l'Amour.

Pendant que ces aymables personnes dansoient, il sortit de dessous le Théâtre la Machine d'un grand arbre, chargé de seize Faunes, dont huit jouèrent de la Fluste, et les autres du Violon, avec un concert le plus agréable du Monde. Trente Violons leur respondoient de l'Orchestre, avec six autres concertans de Clavessins et de Thuorbes, qui estoient les Sieurs d'Anglebert, Richard, Itier, La Barre le cadet, Tissu et Le Moine.

Et quatre Bergers et quatre Bergères vinrent danser une fort belle Entrée, à laquelle les Faunes, descendans de l'arbre, se meslèrent de temps en temps, et toute cette Scène fut si grande, si remplie et si agréable qu'il ne s'estoit encore rien veu de plus beau en Ballet.

Aussi fit-elle une advantageuse conclusion aux Divertissemens de ce jour, que toute la Cour ne loüa pas moins que celuy qui l'avoit précédé, se retirant avec une satisfaction qui luy fit bien espérer de la suite d'une Feste si complète.

Les Bergers estoient les Sieurs Chicanneau, Du Pron, Noblet, et La Pierre,

Et les Bergères les Sieurs Baltazard, Magny, Arnald, et Bonard.

FIN
DE
LA PRINCESSE D'ELIDE

LUS on s'avançoit vers le grand Rondeau qui représentoit le Lac, sur lequel estoit autresfois basty le Palais d'Alcine, plus on s'approchoit de la fin des divertissemens de l'Isle Enchantée, comme s'il n'eust pas esté juste que tant de braves Chevaliers demeurassent plus long-temps dans une oysiveté qui eust fait tort à leur gloire.

On feignoit donc, suivant toûjours le premier dessein, que, le Ciel ayant résolu de donner la liberté à ces Guerriers, Alcine en eut des pressentimens qui la remplirent de terreur et d'inquiétudes. Elle voulut apporter tous les remèdes possibles pour prévenir ce malheur et fortifier en toutes manières un lieu qui pût renfermer tout son repos et sa joye.

On fist paroistre sur ce Rondeau, dont l'estendue et la forme sont extraordinaires, un Rocher situé au milieu d'une Isle couverte de divers animaux, comme s'ils eussent voulu en deffendre l'entrée.

Deux autres Isles plus longues, mais d'une moindre largeur, paroissoient aux deux costez de la première, et toutes trois, aussi bien que les bords du Rondeau, estoient si fort esclairées que ces lumières faisoient naistre un nouveau jour dans l'obscurité de la nuit.

Leurs Majestez, estant arrivées, n'eurent pas plus tost pris leur place que l'une des deux Isles, qui paroissoient aux costez de la première, fut toute couverte de Violons fort bien vestus. L'autre, qui estoit opposée, le fut au mesme temps de Trompettes et de Tymballiers, dont les habits n'estoient pas moins riches.

Mais ce qui surprit davantage, fut de voir sortir Alcine de derrière le Rocher, portée par un Monstre Marin d'une grandeur prodigieuse.

Deux des Nymphes de sa suite, sous les noms de Célie et de Dircé, partirent au mesme temps à sa suite, et, se mettant à ses costez sur de grandes Baleines, elles s'approchèrent du bord du Rondeau, et Alcine commença

des Vers, ausquels ses Compagnes respondirent, et qui
furent à la louange de la Reyne Mère du Roy :

ALCINE, CÉLIE, DIRCÉ

ALCINE

Vous à qui je fis part de ma félicité,
Pleurez avecque moy dans cette extrémité.

CÉLIE

Quel est donc le sujet des soudaines alarmes
Qui de vos yeux charmans font couler tant de larmes?

ALCINE

Si je pense en parler, ce n'est qu'en frémissant.
Dans les sombres horreurs d'un songe menassant
Un Spectre m'avertit, d'une voix esperduë,
Que pour moy des Enfers la force est suspenduë,
Qu'un céleste pouvoir arreste leur secours,
Et que ce jour sera le dernier de mes jours.
Ce que versa de triste au poinct de ma naissance
Des astres ennemis la maligne influence,
Et tout ce que mon art m'a promis de malheurs,
En ce songe fut peint de si vives couleurs
Qu'à mes yeux éveillez sans cesse il représente
Le pouvoir de Mélisse, et l'heur de Bradamante.

XII   19

J'avois préveu ces maux, mais les charmans plaisirs
Qui sembloient en ces lieux prévenir nos desirs ;
Nos superbes Palais, nos jardins, nos campagnes ;
L'agréable entretien de nos chères compagnes ;
Nos jeux et nos chansons ; les concerts des oyseaux ;
Le parfum des Zéphirs ; le murmure des eaux ;
De nos tendres amours les douces avantures
M'avoient fait oublier ces funestes augures,
Quand le songe cruel, dont je me sens troubler,
Avec tant de fureur les vint renouveller.

Chaque instant je croy voir mes forces terrassées,
Mes Gardes esgorgez, et mes prisons forcées ;
Je crois voir mille Amans, par mon art transformez.
D'une égale fureur à ma perte animez,
Quitter en mesme temps leurs troncs et leurs feüillages,
Dans le juste dessein de vanger leurs outrages,
Et je croy voir, enfin, mon aymable Roger
De mes fers méprisez prest à se desgager.

CÉLIE

La crainte en vostre esprit s'est acquis trop d'empire.
Vous régnez seule icy, pour vous seule on soúpire ;
Rien n'interrompt le cours de vos contentemens
Que les accents plaintifs de vos tristes Amans ;
Logistile et ses gens, chassez de nos campagnes,
Tremblent encor de peur, cachez dans leurs montagnes,

Et le nom de Mélisse, en ces lieux inconnu,
Par vos augures seuls jusqu'à nous est venu.

DIRCÉ

Ah, ne nous flatons point; ce Fantosme effroyable
M'a tenu cette nuit un discours tout semblable.

ALCINE

Hélas, de nos malheurs qui peut encor douter?

CÉLIE

J'y vois un grand remède, et facile à tenter.
Une Reine paroist, dont le secours propice
Nous sçaura garantir des efforts de Mélisse;
Partout de cette Reyne on vante la bonté,
Et l'on dit que son cœur, de qui la fermeté
Des flots les plus mutins méprisa l'insolence,
Contre les vœux des siens est toûjours sans défense.

ALCINE

Il est vray, je la vois. En ce pressant danger
A nous donner secours taschons de l'engager;
Disons-luy qu'en tous lieux la voix publique estale
Les charmantes beautez de son ame Royale;
Disons que sa vertu, plus haute que son rang,
Sçait relever l'esclat de son auguste sang,
Et que de nostre sexe elle a porté la gloire
Si loin que l'Avenir aura peine à le croire;
Que du bon-heur public son grand cœur amoureux

19*

Fit toûjours des périls un mépris généreux;
Que de ses propres maux son ame à peine atteinte
Pour les maux de l'Estat garda toute sa crainte.
Disons que ses bien-faits, versez à pleines mains,
Luy gaignent le respect et l'amour des Humains,
Et qu'au moindre danger dont elle est menacée
Toute la Terre en deüil se montre intéressée;
Disons qu'au plus haut point de l'absolu pouvoir,
Sans faste et sans orgueil sa grandeur s'est fait voir.
Qu'aux temps les plus fascheux sa sagesse constante
Sans crainte a soûtenu l'authorité penchante,
Et, dans le calme heureux par ses travaux acquis,
Sans regret la remit dans les mains de son Fils.
Disons par quels respects, par quelle complaisance
De ce Fils glorieux l'amour la récompense;
Vantons les longs travaux, vantons les justes Loix
De ce Fils, réconnu pour le plus grand des Rois;
Et comment cette Mère, heureusement féconde,
Ne donnant que deux fois, a donné tout au Monde.

*   Enfin, faisons parler nos soûpirs et nos pleurs,*
Pour la rendre sensible à nos vives douleurs,
Et nous pourrons trouver, au sort de nostre peine,
Un refuge paisible aux pieds de cette Reyne.

DIRCÉ

Je sçais bien que son cœur, noblement généreux,

Ecoute avec plaisir la voix des malheureux,
Mais on ne voit jamais éclater sa puissance
Qu'à repousser le tort qu'on fait à l'innocence ;
Je sçais qu'elle peut tout, mais je n'ose penser
Que jusqu'à nous deffendre on la vît s'abaisser.
De nos douces erreurs elle peut estre instruite,
Et rien n'est plus contraire à sa rare conduite ;
Son zèle si connu pour le culte des Dieux
Doit rendre à sa vertu nos respects odieux,
Et, loin qu'à son abord son effroy diminue,
Malgré moy je le sens qui redouble à sa veüe.

ALCINE

Ah, ma propre frayeur suffit pour m'affliger.
Loin d'aigrir mon ennuy, cherche à le soulager,
Et tasche de fournir à mon ame oppressée
De quoy parer aux maux dont elle est menacée.
Redoublons cependant les Gardes du Palais,
Et, s'il n'est point pour nous d'azile désormais,
Dans notre désespoir cherchons notre deffense,
Et ne nous rendons point au moins sans résistance.

> ALCINE. Mademoiselle du Parc.
> CÉLIE. Mademoiselle de Brie.
> DIRCÉ. Mademoiselle Molière.

Lorsqu'elles eurent achevé, et qu'Alcine se fût retirée pour aller redoubler les Gardes du Palais, le concert des Violons se fit entendre, pendant que, le frontispice du Palais venant à s'ouvrir avec un merveilleux artifice et des Tours à s'élever à veue d'œil, quatre Géans, d'une grandeur desmesurée, vinrent à paroistre avec quatre Nains, qui, par l'opposition de leur petite taille, faisoient paroistre celle des Géans encore plus excessive. Ces Colosses estoient commis à la garde du Palais, et ce fut par eux que commença la première Entrée du Ballet.

BALLET
DU
PALAIS D'ALCINE

PREMIÈRE ENTRÉE

Quatre Géans et quatre Nains.

GÉANS : Les Sieurs Manceau, Vagnard, Pesan, et Joubert.
NAINS : Les deux petits Des-Airs, le petit Vagnard, et le petit Tutin.

II ENTRÉE

Huit Maures, chargez par Alcine de la garde du dedans, en font une exacte visite, avec chacun deux flambeaux.

MAURES : Messieurs d'Heureux, Beauchamp, Molier, La Marre, les Sieurs Le Chantre, de Gan, du Pron et Mercier.

III ENTRÉE

Cependant un despit amoureux oblige six des Chevaliers qu'Alcine retenoit auprès d'elle, à tenter la sortie de ce Palais ; mais, la Fortune ne secondant pas les efforts qu'ils font dans leur désespoir, ils sont vaincus après un grand combat par autant de Monstres qui les attaquent.

Six Chevaliers et six Monstres.

CHEVALIERS : Monsieur de Souville, les Sieurs Raynal, Des-Airs l'aisné, Des-Airs le second, de Lorge, et Balthasard.

MONSTRES : Les Sieurs Chicanneau, Noblet, Arnald, Desbrosses, Des-
onets, et la Pierre.

IV ENTRÉE

Alcine, allarmée de cet accident, invoque de nouveau tous ses Esprits, et leur demande secours. Il s'en
présente deux à elle, qui font des sauts avec une force
et une agilité merveilleuse.

Démons agilles :

Les Sieurs S. André et Magny.

V ENTRÉE

D'autres Démons viennent encore, et semblent
asseurer la Magicienne qu'ils n'oublieront rien pour
son repos.

Autres Démons Sauteurs :

Les Sieurs Tutin, La Brodière, Pesan, et Bureau.

VI ET DERNIÈRE ENTRÉE

Mais à peine commence-t-elle à se r'asseurer qu'elle
voit paroistre, auprès de Roger et de quelques Chevaliers de sa suite, la sage Mélisse sous la forme d'Athlas.
Elle court aussitost pour empescher l'effet de son
intention, mais elle arrive trop tard; Mélisse a déjà
mis au doigt de ce brave Chevalier la fameuse bague
qui détruit les Enchantemens. Lors un coup de ton-
nerre, suivy de plusieurs esclairs, marque la destruction du Palais, qui est aussi-tost réduit en cendres par

un Feu d'artifice, qui met fin à cette avanture et aux divertissemens de l'Isle enchantée.

Alcine. Mademoiselle du Parc. — Mélisse. De Lorge. — Roger. M. Beauchamp.

Chevaliers : Messieurs d'Heureux, Raynal, Du Pron, et Desbrosses.

Escuyers : Messieurs La Marre, Le Chantre, De Gan, et Mercier.

L sembloit que le Ciel, la Terre et l'Eau fussent tous en feu, et que la destruction du superbe Palais d'Alcine, comme la liberté des Chevaliers qu'elle y retenoit en prison, ne se pût accomplir que par des prodiges et des miracles. La hauteur et le nombre des fusées volantes, celles qui rouloient sur le rivage, et celles qui ressortoient de l'eau, après s'y estre enfoncées, faisoient un spectacle si grand et si magnifique que rien ne pouvoit mieux terminer les Enchantemens qu'un si beau Feu d'artifice, lequel ayant enfin cessé après un bruit et une longueur extraordinaire, les coups de boëtes qui l'avoient commencé redoublèrent encore.

Alors toute la Cour, se retirant, confessa qu'il ne se pouvoit rien voir de plus achevé que ces trois Festes, et c'est assez advoüer qu'il ne s'y pouvoit rien adjouster que de dire que, les trois Journées ayant eu chacune ses partisans comme chacune avoit eu ses beautez particulières, on ne convint pas du prix qu'elles devoient emporter entr'elles, bien qu'on demeurast d'accord qu'elles pouvoient justement le disputer à toutes celles qu'on avoit veuës jusques alors, et les surpasser peut-estre.

Mais, quoyque les Festes comprises dans le sujet des *Plaisirs de l'Isle enchantée* fussent terminées, tous les divertissemens de Versailles ne l'estoient pas, et la magnificence et la galanterie du Roy en avoient encore réservé pour les autres jours, qui n'estoient pas moins agréables.

Le Samedy dixiesme, Sa Majesté voulut courre les Testes. C'est un exercice que peu de gens ignorent, et dont l'usage est venu d'Allemagne, fort bien inventé pour faire voir l'adresse d'un Cavalier, tant à bien mener son cheval dans les passades de guerre qu'à bien se servir d'une lance, d'un dard et d'une espée. Si quelqu'un ne les a point veu courre, il en trouvera icy la description, estant moins communes que la Bague, et seulement icy depuis peu d'années, et ceux qui en ont eu le plaisir ne s'ennuyent pas pourtant d'une narration si peu estendue.

Les Chevaliers entrent l'un après l'autre dans la Lice, la lance à la main et un dard sous la cuisse droite, et, après que l'un d'eux a couru et emporté une Teste de gros carton peinte et de la forme de celle d'un Turc, il donne sa lance à un Page et, faisant la demi-volte, il revient à toute bride à la seconde Teste, qui a la couleur et la forme d'un Maure, l'emporte avec le dard qu'il luy jette en passant, puis, reprenant une javeline, peu différente de la forme du dard, dans une troisiesme passade il la darde dans un bouclier, où est peinte une Teste de Méduse, et, achevant sa demi-volte, il tire l'espée, dont il emporte, en passant toûjours à toute bride, une Teste eslevée à un demy pied de terre; puis faisant place à un autre, celuy qui en ses courses en a emporté le plus gagne le prix.

Toute la Cour s'estant placée sur une balustrade de fer doré, qui régnoit autour de l'agréable Maison de Versailles et qui regarde le fossé, dans lequel on avoit dressé la Lice avec des barrières;

Le Roy s'y rendit, suivy des mesmes Chevaliers qui avoient couru la Bague, les Ducs de S. Aignan et de Noailles y continuant leurs premières fonctions, l'un de Mareschal de camp, et l'autre de Juge des Courses. Il s'en fit plusieurs fort belles et heureuses, mais l'addresse du Roy luy fit emporter hautement, en suitte du prix de la Course des Dames, encore celuy que donnoit la Reyne. C'estoit une rose de diamans de grand prix, que le Roy, après l'avoir gagnée, redonna libéralement à courre aux autres Chevaliers, et que le Marquis de Coaslin disputa contre le Marquis de Soyecourt, et la gagna.

Le Dimanche, au lever du Roy, quasi toute la conversation tourna sur les belles Courses du jour précédent et donna lieu à un grand deffy entre le Duc de S. Aignan, qui n'avoit point encore couru, et le Marquis de Soyecourt, qui fut remise au lendemain, pour ce que le Mareschal Duc de Grammont, qui parioit pour ce Marquis, estoit obligé de partir pour Paris, d'où il ne devoit revenir que le jour d'après.

Le Roy mena toute la Cour cette après-dinée à sa Mesnagerie, dont on admira les beautez particulières et le nombre presque incroyable d'oyseaux de toutes sortes, parmy lesquels il y en a beaucoup de fort rares. Il seroit inutile de parler de la Collation qui suivit ce divertissement, puisque, huit jours durant, chaque repas pouvoit passer pour un Festin des plus grands qu'on puisse faire.

Et, le soir, Sa Majesté fit représenter sur l'un de ces Théâtres doubles de son Sallon, que son esprit universel a luy-mesme inventé, la Comédie des *Fascheux*, faite par le Sieur de Mollière, meslée d'entrées de Ballet et fort ingénieuse.

Le bruit du deffy, qui se devoit courir le Lundy douziesme, fit faire une infinité de gageures d'assez grande valeur, quoyque celle des deux Chevaliers ne fût que de cent pistoles, et, comme le Duc par une heureuse audace donnoit une Teste à ce Marquis fort adroit, beaucoup tenoient pour ce dernier, qui, s'estant rendu un peu plus tard chez le Roy, y trouva un Cartel pour le presser, lequel, pour n'estre qu'en prose, on n'a point mis en ce Discours.

Le Duc de S. Aignan avoit aussi fait voir à quel-

ques-uns de ses amis, comme un heureux présage de
sa victoire, ces quatre vers :

AUX DAMES

BELLES, vous direz en ce jour,
Si vos sentimens sont les nostres,
Qu'estre vainqueur du grand Soyecourt;
C'est estre vainqueur de dix autres,

faisant toûjours allusion à son nom de Guidon le
Sauvage, que l'avanture de l'Isle périlleuse rendit victorieux de dix Chevaliers.

Aussi-tost que le Roy eust disné, il conduisit les
Reynes, Monsieur, Madame, et toutes les Dames,
dans un lieu où l'on devoit tirer une Loterie, afin que
rien ne manquast à la galanterie de ces Festes. C'estoit
des pierreries, des ameublemens, de l'argenterie, et
autres choses semblables, et, quoyque le sort ait accoustumé de décider de ces présens, il s'accorda sans doute
avec le desir de S. M. quand il fit tomber le gros lot
entre les mains de la Reyne, chacun sortant de ce
lieu-là fort content pour aller voir les Courses qui
s'alloient commencer.

Enfin Guidon et Olivier parurent sur les rangs à cinq
heures du soir, fort proprement vestus et bien montez.

Le Roy avec toute la Cour les honora de sa présence, et Sa Majesté leust mesme les Articles des Courses, afin qu'il n'y eût aucune contestation entre eux. Le succez en fut heureux au Duc de S. Aignan, qui gagna le deffy.

Le soir Sa Majesté fit joüer une Comédie nommée *Tartuffe*, que le Sieur de Mollière avoit faite contre les Hypocrites; mais, quoyqu'elle eût esté trouvée fort divertissante, le Roy connut tant de conformité entre ceux qu'une véritable dévotion met dans le chemin du Ciel et ceux qu'une vaine ostentation des bonnes œuvres n'empesche pas d'en commettre de mauvaises, que son extrême délicatesse pour les choses de la Religion eut de la peine à souffrir cette ressemblance du vice avec la vertu, qui pouvoit estre prise l'une pour l'autre, et, quoy qu'on ne doutât point des bonnes intentions de l'Autheur, il la deffendit pourtant en public et se priva soy-mesme de ce plaisir, pour n'en pas laisser abuser à d'autres, moins capables d'en faire un juste discernement.

Le Mardi treiziesme, le Roy voulut encore courre les Testes comme à un jeu ordinaire, que devoit gagner celuy qui en feroit le plus. Sa Majesté eut encore celuy de la Course des Dames, le Duc de Saint Aignan celuy du jeu, et, ayant eu l'honneur d'entrer pour le second à la dispute avec Sa Majesté, l'adresse incomparable du Roy luy fit encore avoir ce prix, et ce ne fut pas sans un estonnement, duquel on ne pouvoit se deffendre,

qu'on en vit gagner quatre à Sa Majesté, en deux fois
qu'elle avoit couru les Testes.

On joua le mesme soir la Comédie du *Mariage forcé*,
encore de la façon du mesme Sieur de Mollière, meslée
d'Entrées de Ballet et de Récits. Puis le Roy prit le chemin de Fontainebleau le Mercredy quatorziesme, toute
la Cour se trouvant si satisfaite de ce qu'elle avoit veu
que chacun crut qu'on ne pouvoit se passer de le mettre
par escrit, pour en donner la connoissance à ceux qui
n'avoient pû voir des Festes si diversifiées et si agréables,
où l'on a pû admirer tout à la fois le projet avec le
succez, la libéralité avec la politesse, le grand nombre
avec l'ordre, et la satisfaction de tous; où les soins infatigables de Monsieur de Colbert s'employèrent en tous
ces Divertissemens, malgré ses importantes affaires; où
le Duc de S. Aignan joignit l'action à l'invention du
dessein; où les beaux vers du Président de Périgny à
la louange des Reynes furent si justement pensez, si
agréablement tournez, et récitez avec tant d'art; où ceux,
que Monsieur de Bensserade fit pour les Chevaliers,
eurent une approbation généralle; où la vigilance exacte
de Monsieur Bontemps, et l'application de Monsieur
de Launay, ne laissèrent manquer d'aucune des choses
nécessaires; enfin, où chacun a marqué si advantageusement son dessein de plaire au Roi, dans le temps où Sa
Majesté ne pensoit, elle-mesme, qu'à plaire, et où ce

qu'on a veu ne sçauroit jamais se perdre dans la mémoire des Spectateurs, quand on n'auroit pas pris soin de conserver par cet escrit le souvenir de toutes ces merveilles.

PRIVILÈGE DU ROY

LOUIS, par la Grâce de Dieu Roy de France et de Navarre, à nos Amez et Féaux Conseillers et les Gens tenans nostre Cour de Parlement, Prévost de Paris ou son Lieutenant, Baillifs, Sénéchaux et autres nos Juges, ou leurs Lieutenans, et à chacun d'eux, si comme appartiendra, Salut.

Nostre bien amé Robert Ballard, Nostre seul Imprimeur pour la Musique, Nous a fait remonstrer qu'il luy auroit esté mis un lidre en main et, par Nostre ordre, intitulé : *Les Plaisirs de l'Isle enchantée, contenant Course de Bague, Collation ornée de machines, meslée de dance et musique, Ballet du Palais d'Alcine, Feu d'artifice, la Comédie du Sieur* MOLLIÈRE, *intitulée La Princesse d'Elide, avec les Intermèdes et autres Festes galantes et magnifiques que Nous avons fait à nostre Chasteau de Versailles le septième May dernier et continuées plusieurs jours de suite,* lequel il desireroit mettre au jour, au contentement d'un chacun ;

A ces causes, desirant favorablement traitter ledit Exposant, Nous, en considération du labeur et travail, et pour empescher qu'il ne soit frustré d'iceux, luy avons, de nostre grâce spécialle, pleine puissance et authorité Royalle, permis et octroyé, permettons et octroyons par ces présentes, d'imprimer ou faire imprimer, en telle marge, volume et caractère qu'il luy plaira, ledit livre, et de l'exposer en vente et le distribuër durant le temps de sept années, à commencer du jour qu'il sera parachevé d'imprimer ;

Deffendons à tous Imprimeurs, Libraires et autres personnes, de quelque condition et qualité qu'elles soient, de l'imprimer ou faire imprimer, le vendre et distribuër pendant ledit temps, ny mesme faire extraire partie d'iceluy, à peine de trois mil livres d'amende, aplicable moitié à Nous, et l'autre moitié audit Exposant, et de la confiscation des dits livres imprimez et contrefaits, et de tous despens, dommages et intérestz ;

A la charge de mettre deux exemplaires dudit Livre en nostre Biblio-thèque publique, un autre en celle de nostre Chasteau du Louvre, et un autre ès mains de nostre amé et féal Chevalier le Sieur Séguier, nostre Chancelier de France, avant que de l'exposer en vente, et de faire regis-trer ces présentes ès Registres du Sçindic de la Communauté des Libraires de nostre Ville de Paris, à peine de nullité des présentes ;

Du contenu desquelles Nous vous mandons que vous fassiez joüir plainement et paisiblement, durant ledit temps, ledit Exposant et ceux qui auront droit de luy et qu'en mettant, au commencement ou à la fin de chacun Livre, un extrait des présentes, elles soient tenues pour bien et deuëment signifiées et que foy soit adjoustée aux Copies collationnées par un de nos Amez et Féaux Conseillers et Secrétaires, Maison et Couronne, comme à l'Original, et que tous Exploits soient faits, pour l'exécution des présentes, par le premier de nos Huissiers ou Sergens sur ce requis, ausquels mandons de faire, nonobstant Clameur de Haro, Charte Nor-mande, Prise à partie et Lettres à ce contraire, car tel est nostre plaisir.

Donné à Paris le septiesme jour de Janvier l'an de grâce mil six cent soixante-cinq et de nostre Règne le vingt-deuxiesme.

Par le Roy en son Conseil, Signé : Vincent.

Registré sur le Livre de la Communauté des Imprimeurs et Marchands Libraires de ceste Ville de Paris, suivant et conformément à l'Arrest de la Cour de Parlement du 8 Avril 1653, et aux charges portées par le présent Privilége. A Paris, ce 3 Febvrier 1665.

Signé : E. Martin, Sçindic.

Achevé d'imprimer, pour la première fois, le dernier Janvier 1665.

Les exemplaires ont esté fournis.

Ledit Sieur Ballard a cédé et transporté le droit du présent Privilége à Estienne Loyson et Gabriel Quinet, pour en joüir suivant le traité qu'ils ont fait ensemble.

PLAISIRS DE L'ISLE ENCHANTÉE

EXPLICATION DES PLANCHES

NOTICE. — En-tête. Bande ornementale avec des rinceaux sur fond noir. Au centre, un médaillon ovale en largeur ; chasseur couché au pied d'un arbre ; fond de paysage.

— Lettre L. Dauphin attaché à la lettre par un ruban ; il jette de l'eau par ses naseaux et porte en équilibre, sur la crête qui part de son front, un cornet rempli de fleurs.

— Cul-de-lampe. Au centre, dans un médaillon ovale en largeur, le rond de verdure de la Course de bagues, où se passera ensuite la Collation. A droite et à gauche, deux caisses d'orangers.

FAUX-TITRE. — Un bouclier rond. Sur la bordure : FÊTES DONNÉES PAR LE ROY. M.DCLXIV ; au centre, la tête du Soleil sur un fond de rayons. Derrière, deux lances pour la course des têtes et la lance du tournoy du Roi pour la course de bagues ; la garde de celle-ci est, au-dessus de la poignée, sommée d'une couronne fleurdelysée. Au-dessous de sa pointe est attachée une banderole avec la devise donnée au Roi et tirée de la course du Soleil : NEC CESSO NEC ERRO ;

Jamais je ne m'arrête et jamais ne m'égare.

GRAND TITRE. — Le cadre est composé alternativement de fleurs, posées sur les L royales, et d'appliques, en forme de coquilles, avec une lumière. En haut, dans un cadre accompagné de deux torches, la vue du vieux Château de Versailles et de la Cour de marbre de Louis XIII; au premier plan, les carrosses des Seigneurs et des Dames qui se rendent à la Fête.

PREMIÈRE JOURNÉE

GRANDE PLANCHE. — La Course de bagues. Le demi-rond de verdure devant lequel se passe la Course de bagues. Le Roi à cheval suit au galop la barrière et arrive au poteau où la bague est suspendue. A droite et à gauche, des Trompettes à cheval. Aux côtés du premier plan, spectateurs assis et debout. Au centre, le dais du Roi, vu par derrière, avec le groupe des Reines assises et de Monsieur; le fauteuil royal est vide parceque le Roi est en train de courir.

TITRE DE LA PREMIÈRE JOURNÉE. — Dans les deux montants une lance, entourée d'une banderole, sur laquelle les noms des tenants du Carrousel. En bas, sur un piédestal, la statue équestre, vue de face, du Roi représentant Roger, en avant du rond de verdure où se doit faire la Course de bagues. Au centre du haut, les armes de France; dans la bande des boucliers avec les devises des tenants du Carrousel.

EN-TÊTE DE PAGE (p. 1). — Vue de Versailles, côté du jardin, en 1664, d'après les renseignements de la gravure d'Israël Silvestre, qui sert de frontispice à l'édition des *Plaisirs de l'Isle enchantée,* Imprimerie Royale, 1673, in-folio (Chalcographie du Louvre, n° 2864). C'est encore l'ancien Château de Louis XIII en briques et en pierre, bâti par Lemercier; en avant une grille et la terrasse de la première Orangerie, — bâtie par Louis Levau le père — supportée par onze arcades et flanquée, à droite et à gauche, par deux grands escaliers droits. Au premier plan, en avant du mur qui ferme le jardin bas, le carrosse du Roi, à huit chevaux, précédé et suivi de couples de cavaliers au galop. En haut du cadre, les armes de France.

— Lettre L (p. 1). Le Roi debout, le chapeau à plumes sur la tête, en veste courte et en tonnelet, son épée supportée par un large baudrier ; il s'appuie de la main droite sur une haute canne. Au-dessous du plancher étroit qui lui sert de piédestal, la retombée d'une penture, sur laquelle la double L Royale.

— Cul-de-lampe (p. 2). La Ménagerie. Le Roi, le 11 mai 1664, mène la Cour visiter la Ménagerie, à gauche du grand Canal. Au fond, le petit Château de la Ménagerie, construit pour y faire collation. A gauche, un chameau et un éléphant. Dans les ornements qui entourent le médaillon, deux singes et deux perroquets ; en haut, les armes de France.

EN-TÊTE DE PAGE (p. 3). — Vue générale du grand Canal, prise en dehors des grilles de la petite Venise et de la Ménagerie. Sur le Canal, le petit vaisseau et les barques de la flottille royale. En avant, le carrosse royal à six chevaux.

— Lettre C (p. 3). — Le Duc de Saint-Aignan, chargé par le Roi de faire un dessein où fussent comprises les inventions du Sieur Vigarani, montre au Roi une vue du grand Canal avec l'Ile d'Alcine, qui doit être le motif final de la fête.

— (P. 5). D'Artagnan à cheval, richement habillé de son costume de carrousel de couleur de feu, porte la lance du Roi et l'écu de sa devise : *Nec cesso, nec erro.* Dans le harnais du cheval une suite de médaillons alternés, avec les soleils et les doubles L de Louis XIV. Au bas, dans un support orné d'une branche de chêne et d'une branche de laurier, les armoiries de D'Artagnan, d'or à deux tourteaux de gueules l'un sur l'autre, armes de la Maison de Montesquion, dont il était.

— Lettre C. Pour le quatrain : *Ce n'est pas sans raison...* (p. 6). Deux Amours, nus et ailés, soutiennent l'écu de la devise du Roi : *Nec cesso, nec erro,* suspendu par un ruban au haut de la lettre.

— Lettre L. Pour le madrigal : *Les combats...* (p. 7). L'écu de la devise espagnole de M. de Saint-Aignan, un timbre d'horloge avec son marteau : *De mis golpes mi ruido ;*

C'est en me frappant qu'on me fait sonner.

— Lettre S. Pour le second madrigal : *Seul contre dix guerriers...* (p. 8). L'armoirie de M. de Beauvilliers, duc de Saint-Aignan : Fascé d'argent et de sinople de six pièces, l'argent chargé de six merlettes de gueules, posées trois, deux et une, et timbré de la couronne de Duc. Derrière, trois lances de tournois; celle du milieu porte, dans une couronne de Duc, le griffon du timbre de ses armes. Les branches de laurier indiquent son succès dans la composition et dans la réussite de la Fête.

— Lettre Q. Pour le sonnet à l'honneur du Roi : *Quelle taille, quel port...* (p. 9). Le Roi à cheval en costume de carrousel, une canne à la main et son casque chargé d'un panache de plumes.

— Lettre C. Pour le quatrain du Duc de Noailles : *Ce paladin...* (p. 10). L'écu de sa devise, un aigle : *Fidelis et audax;*

Fidèle autant qu'hardi.

— Lettre L. Pour le quatrain du Duc de Guise : *La nuit...* (p. 11). L'écu de la devise, un lion endormi : *Et quiescente pavescunt ;*

On en a peur, même quand il sommeille.

— Lettre V. Pour le quatrain du Comte d'Armagnac. *Voyez...* (p. 11). L'écu de sa devise, une hermine : *Ex candore decus ;*

C'est de sa blancheur que vient sa beauté.

— Lettre I. Pour le quatrain du Duc de Foix : *Il porte...* (p. 12). Sur l'écu triangulaire de sa devise, un vaisseau voguant sur la mer : *Longe levis aura feret ;*

C'est un souffle léger qui le portera loin.

— Lettre T. Pour le quatrain du Duc de Coislin : *Trop avant...* (p. 12). L'écu triangulaire de sa devise, un tournesol suivant le cours du Soleil : *Splendor ab obsequio ;*

Il ne doit sa splendeur qu'à son obéissance.

— Lettre D. Pour le quatrain du Comte de Lude : *De tous les paladins...* (p. 13). Un Page soutenant l'écu de sa devise, un chiffre en forme de nœud : *Non fia mai sciolto;*

Il ne sera jamais rompu ni dénoué.

— Lettre M. Pour le quatrain du Prince de Marsillac : *Mes vœux...* (p. 13). L'écu de sa devise italienne, une montre, dont on voit les ressorts intérieurs : *Chieto fuor, commoto dentro;*

Dehors si je semble tranquille,
Je suis très active au dedans.

— Lettre P. Pour le quatrain du Marquis de Villequier : *Personne...* (p. 14). Un aigle planant au-dessous du Soleil : *Uni militat astro;*

Il ne combat que pour un astre unique.

— Lettre V. Pour le quatrain de M. de Soyecourt : *Voici l'homme...* (p. 14). L'écu de sa devise, la massue d'Hercule : *Vix æquat fama labores;*

Ses travaux sont à peine égalés par sa gloire.

— Lettre J. Pour le quatrain du Marquis d'Humières : *Je tremble...* (p. 15). L'écu octogone de sa devise espagnole, dix couronnes de toutes sortes : *Ne quiero menos;*

Ce n'est pas à moins que j'aspire.

— Lettre Q. Pour le quatrain du Marquis de La Vallière : *Quelques beaux sentimens...* (p. 15). Un Amour ailé soutient l'écu octogone de sa devise, un phénix sur un bûcher allumé par le Soleil : *Hoc juvat uri;*

Il m'est par le Soleil doux d'être consumé.

— Lettre R. Pour le sixain de Monsieur le Duc : *Roland fera...* (p. 16). L'écu de sa devise, un javelot entortillé de lauriers : *Certo ferit;*

C'est à coup sûr qu'il frappe.

— Monsieur le Duc à cheval (Henri de Bourbon, fils du grand Condé), représentant Roland en riche costume de carrousel; il tient sa canne

XII   22

élevée. Dans les rinceaux du support, deux branches de lauriers sortant de sa couronne ducale (p. 16).

— Lettre U (p. 17). Grand char vu de face et traîné par quatre chevaux de front, conduits par le Temps. Apollon est assis au plus haut du char; à ses pieds l'Age d'or, l'Age d'argent, l'Age d'airain et l'Age de fer, « distingués par de riches habits et par ce qu'ils portent à la main ».

— Cul-de-lampe (p. 20). Les armoiries de Monsieur le Duc, d'azur à trois fleurs de lys d'or, qui est France, chargé en abîme d'un bâton péri en bande. Elles sont entourées des colliers du Saint-Esprit et de saint Michel, et timbrées de la couronne fleurdelysée non fermée. Derrière, un bouclier écaillé, portant un grand casque garni de plumes, un faisceau de lances de tournois, de drapeaux et de branches de lauriers. Le tout sur le manteau du Saint-Esprit doublé d'hermine.

— Lettre V (p. 21). Valets, « en vestes couleur de feu garnies d'argent », portant les pièces de la barrière à dresser pour la Course de bagues.

— Cul-de-lampe (p. 25). Deux petits Amours en armure de carrousel, — bouclier au bras et lance à la main, l'aigrette de leurs casques formée de plumes de paon en éventail, — sont à demi montés sur deux dauphins. Au centre, une sorte d'écu avec un Cavalier des quadrilles. Les rinceaux supportent une tablette, sur laquelle deux autres petits Amours, nus et ailés, qui ploient des lauriers pour faire la couronne qui sera le prix du vainqueur.

— Lettre T. « Tous ces récits achevez, la Course de bagues commença » (p. 26). Un élégant cavalier, en costume de carrousel, portant sa lance appuyée sur le bout de son pied droit, fait cabrer son cheval, richement caparaçonné. Sur la traverse supérieure de la lettre, les écussons des trois derniers tenants de la Course. A gauche, de sable semé de fleurs de lys, qui est Soyecourt; au centre, l'armoirie très compliquée de la Maison de Guise; à droite, celle du vainqueur, coupé de gueules et d'or, au lion rampant léopardé de l'un en l'autre, qui est La Vallière.

— Cul-de-lampe (p. 31). Deux rinceaux affrontés, terminés par des têtes ornementales de béliers, dont les cornes sont des feuillages découpés et accompagnent la médaille de profil d'un berger barbu, supportent une tablette sur laquelle un bélier et deux brebis. Le front des béliers des rinceaux porte deux termes de bergères coquettes, tenant d'une main une houlette et de l'autre deux branches qui forment arcade.

— Lettre C (p. 32). Sur une estrade ronde, groupe de musiciens en tonnelets, debout et jouant du violon. A droite, un musicien jouant de la basse ; à gauche, le chef d'orchestre avec son bâton de mesure.

— Cul-de-lampe (p. 34). Le Roi, dans un carrosse découvert à six chevaux, passe sous un portique de verdure pour rentrer au Château de Versailles, qu'on voit dans le fond. Sur chaque côté du cadre un enfant nu, tenant une branche de laurier. En haut, un écusson, parti de France et de Navarre. En bas, dans un médaillon : « Fin de la première Journée. »

SECONDE JOURNÉE

GRANDE PLANCHE. — Le théâtre de verdure. Au fond, le grand étang au milieu duquel l'île et le palais d'Alcine ; d'après les renseignements de la planche d'Israël Silvestre (*Chalcographie du Louvre*, n° 2,871). Le premier plan est naturellement composé à nouveau. A droite et à gauche, les spectateurs assis sur des gradins et d'autres spectateurs debout et causant. Au centre, le groupe du Roi et des deux Reines, assis sur une estrade, et vus de dos.

GRAND TITRE. — Au centre du titre, un bouclier avec l'armoirie de Molière se détachant sur des rayons ; autour, deux branches de laurier formées en couronne. Dans le centre des deux montants, deux niches, dans lesquelles, à gauche, la figure de la Princesse d'Elide et, à droite, celle de Moron.

EN-TÊTE (p. 35). — Le titre : *Seconde Journée des Plaisirs de l'Isle enchantée*, dans un cartel, accompagné, à droite et à gauche, d'un bras de deux chandelles de cire sortant d'une tête barbue et casquée.

— Lettre L (p. 35). Au milieu de la haste de la lettre, deux têtes d'hommes barbus soutiennent une applique, composée, sur sa face antérieure, d'un petit miroir carré avec une lumière, et, sur le côté droit, d'un grand bras de deux autres lumières. Au fond, dans le ciel, le croissant de la Lune pour indiquer que les fêtes de la Seconde Journée ont été données la nuit.

— Cul-de-lampe (p. 36). Tribune, richement ornée, dans laquelle le Chef d'orchestre, vu de dos et debout, conduit ses musiciens qui sont assis. La tribune, en forme de balcon, est décorée d'instruments de musique et d'un petit satyre assis, jouant de la double flûte.

LA PRINCESSE D'ELIDE

GRANDE PLANCHE. — (En face de la page 37.) La Princesse d'Elide, son arc à la main, en corsage noir, jupe courte et brodequins enrubannés, se promène, accompagnée de deux grands lévriers, sur le bord d'un étang; l'un de ses chiens et elle regardent sur l'autre rive le sanglier, qui sera le but de sa chasse future et le prix de sa victoire.

PREMIER INTERMÈDE. — En-tête ornemental (p. 37). Derrière le cartel en largeur du titre, cinq flèches; un arc et le croissant de la Lune en avant des rayons du Soleil levant. A gauche, les Valets de chiens musiciens réveillant Lyciscas; à droite, Lyciscas se venge en réveillant les autres Chasseurs.

— Lettre Q du Récit de l'Aurore (p. 37). L'Aurore, en costume de Ballet; par terre, des chasseurs et des chiens endormis. Dans le cadre, des massacres de cerf et, dans les quatre angles, une courte trompette, accostée de deux cornets à bouquin.

— Cul-de-lampe (p. 43). Un Valet de chiens, sonnant du cor de chasse pour l'appel du réveil; à ses pieds, un chien endormi.

GRANDE PLANCHE. — (p. 44). Cadre des noms des Acteurs. Les quatre flèches, qui servent de montants, sont portées par deux enfants. Entre les flèches, deux médaillons avec les têtes casquées de deux des

Princes. En haut, le diadème, les carquois, les lances, l'arc et le croissant de Diane. En bas, dans un cadre, un paysage avec un sanglier monté
par un Amour moqueur, regardant la Princesse qui promène sa rêverie.

ACTE PREMIER. — En-tête (p. 45). Une clairière de forêt. A gauche,
Moron, couché au pied d'un arbre et éperdu de terreur à la vue d'un
sanglier qui vient à lui en traversant une petite mare :

> Et j'ai, d'un vieux buisson de la forêt touffue,
> Veu sortir un sanglier d'une énorme grandeur (Scène II, vers 201-3).

Sur le cadre, du côté du sanglier, un petit Satyre ailé joue d'une flûte
railleuse.

— Lettre C (p. 46). Le jeune Prince d'Ithaque, Euriale, et son con-
fident Arbate. Derrière le Prince, un jeune Amour qui triomphe de le
voir enfin amoureux. — Sur les cinq lettres initiales des Actes de *La
Princesse d'Elide*, des fleurs de lys sur champ d'azur bordé d'une filière
d'argent ; les lettres des Intermèdes sont blanches.

— Cul-de-lampe (p. 63). Moron se sauvant devant le sanglier et disant,
en racontant son aventure et ses terreurs :

> J'ai jetté tout par terre et couru comme quatre (Scène II, vers 217).

Les montants de l'encadrement sont formés par deux petits Amours
assis, tenant une haute lance, sur laquelle, en façon de trophée, une
cuirasse d'étoffe, deux torches allumées en sautoir et un casque empa-
naché. Au-dessus du cartel, une *pelta* écaillée, terminée, à droite et à
gauche, par une tête d'oiseau et sommée au centre par la couronne royale
fermée.

DEUXIESME INTERMÈDE. — En-tête (p. 65). Au-dessus du cartel central, deux cornets de chasse accompagnés en arrière de deux épieus en
sautoir ; au-dessous du cartel, un chien de chasse à longues oreilles dort
dans une draperie, suspendue comme un hamac. A gauche, Moron,
absolument épeuré, faisant des compliments à Monseigneur l'Ours. A
droite, Moron, devenu brave, excite les chasseurs à le tuer. Des deux
côtés de la bande ornementale, une jeune Satyresse s'accroche aux rinceaux et se penche pour se moquer de lui.

— Lettre J (p. 66). Moron adressant ses soupirs amoureux aux prés et aux fontaines. Un petit Amour ailé, son arc à la main, se cache derrière la haste de la lettre pour le railler.

— Cul-de-lampe (p. 69). Monseigneur l'Ours debout, passant au travers de rinceaux de chêne. A droite et à gauche, deux médaillons de paysages rustiques avec des maisons.

ACTE DEUXIESME. — En-tête (p. 71). Lycas, derrière lequel est Moron, dit à la Princesse d'Elide, accompagnée d'Aglante et de Cinthie, dont un petit Page porte la queue : « Madame, le Prince votre père vient vous trouver icy », et lui montre, à gauche, le groupe d'Iphitas et des trois Princes d'Ithaque, de Pyle et de Messène (Scène III, p. 79). Aux angles inférieurs, deux petites Satyresses assises; l'une joue de la double flûte et l'autre de la lyre; aux angles supérieurs, deux Sphynx.

Cul-de lampe (p. 72). Tête d'enfant avec le bandeau de l'amour sur les yeux.

— Lettre O (p. 73). La Princesse d'Elide, accompagnée de ses cousines, Aglante et Cinthie, écoute ce que lui dit sa suivante Philis, dont Moron et Tircis sont amoureux (Scène II). Au bas de la lettre, un petit Amour, assis et tenant son arc sur ses genoux, écoute en riant la Princesse, sûr d'avoir à la fin son tour.

— Cul-de-lampe (p. 83). Deux Satyres barbus, portant sur leurs têtes des cornets de fleurs, encadrent un cartel dans lequel Moron, montrant Philis, qui porte une houlette, à la Princesse, assise et accompagnée d'Aglante et de Cinthie debout, dit à la Princesse d'Elide : « Vous avez une traîtresse qui m'a rendu plus doux qu'un agneau » (Scène II, p. 78).

TROISIESME INTERMÈDE. — En-tête (p. 85). A droite du cartel du titre, surmonté d'une flûte de Pan, Moron, suppliant Philis de l'écouter (Scène I); à gauche, le Satyre assis donnant à Moron une leçon de chant (Scène II).

— Lettre P (p. 85). Moron, faisant une scène de gestes à la Bergère Philis, qui s'éloigne parce qu'il a parlé contre la convention qu'elle lui avait imposée. Derrière la haste de la lettre, un petit Amour, debout sur des rochers, se moque de Moron en jouant de la flûte de Pan (Scène 1).

— Cul-de-lampe (p. 90). Deux Satyres dansant ensemble.

ACTE TROISIESME. — En-tête (p. 91). Le bord d'une rivière. Au fond de la droite le Prince d'Ithaque et Arbate s'éloignant. A gauche, sur le premier plan, la Princesse d'Elide, suivie d'un petit Amour qui porte à la fois son parasol et la queue de sa robe, dit à Moron : « De grâce, va le faire aviser que je suis ici » (Scène II, p. 97). En haut du cadre, le Soleil de Louis XIV.

— Lettre I (p. 92). A gauche, la Princesse, un éventail à la main, accompagnée d'Aglante, ayant de même un éventail, et de Cinthie, qui porte un parasol ouvert sur sa tête. A gauche, au fond d'une allée, Moron s'entretenant avec le Prince d'Ithaque (Scène I, p. 92).

— Cul-de-lampe (p. 103). Dans un cartel, la Princesse d'Elide, dont un petit négrillon porte la queue, dit à Moron : « Ah! Moron, il faut faire en sorte qu'il se rende » (Scène V, p. 102). Dans l'ornement, à droite et à gauche, deux bras de trois lumières ornés de la couronne royale fermée; dans les rinceaux du bas, au centre, un mascaron, jetant un filet d'eau dans une coquille, et deux bustes affrontés, ailés et terminés par deux jambes de cheval, symbole de l'amour pour la chasse; à gauche, le Prince Euryale; à droite, la Princesse d'Elide, ayant sur sa coiffure le croissant de la chaste Diane.

QUATRIESME INTERMÈDE. — En-tête (p. 105). A droite et à gauche du cartel central, deux sujets. A gauche, Moron, tenant le poignard avec lequel il dit qu'il va se tuer, en face du groupe de Philis et de Tircis; à droite, Philis assise, à qui Tircis offre sa flûte, pendant que Moron s'éloigne désespéré (Scène I, p. 109). Sur le haut du cartel central, une colombe écoutant le chant d'un tourtereau.

— Lettre V (p. 105). Philis, une houlette à la main et appuyée sur un des montants de la lettre, écoute ce que lui chante Tircis, monté sur une pierre et tenant une houlette et une flûte. Au bas de la droite, un petit Amour assis l'accompagne, en se servant de la flèche comme d'archet sur la corde de son arc.

— Cul-de-lampe (p. 110). Moron désespéré veut se frapper d'un poignard qu'il tient à la main. Dans le fond, Philis et Tircis qui s'éloignent (Fin de la scène II).

ACTE QUATRIESME. — En-tête (p. 111). Entre deux vases d'orangers, la Princesse d'Elide assise. Devant elle, le Prince Aristomène à genoux : « Madame, je viens à vos pieds rendre grâce à l'Amour » (Scène IV, p. 118). La Princesse est accompagnée de sa cousine Aglante et de Moron. Fond de paysage avec un lac et des collines.

— Lettre P (p. 112). La Princesse, son arc à la main et la queue de sa robe portée par un petit Amour, cause avec Moron, en voyant le Prince Euriale qui s'éloigne (Scène II). Fond de jardin et d'allée, coupée par un bassin avec un jet d'eau.

— Cul-de-lampe (p. 122). Désespoir de la Princesse : « Sors de mon cœur... » (Scène VI, p. 121). Derrière elle, un petit Amour. En dehors du cadre, dans les rinceaux, deux Amours moqueurs dont on ne voit que les têtes au-dessus d'un rideau semé d'étoiles ; en haut du cadre, un petit Amour assis joue du violon.

CINQUIESME INTERMÈDE. En-tête (p. 123). Cadre avec le titre : « Cinquiesme Intermède », posé sur une lyre. A droite, la Princesse mélancolique, suivie de son chien. De l'autre côté, les deux chanteuses Climène et Philis.

— Lettre C (p. 123). La Princesse assise se désole. A gauche, Climène et Philis, dont l'une tient un cistre ; la quittent et s'éloignent d'elle. Dans les montants de l'encadrement, un cœur percé d'une flèche.

— Cul-de-lampe (p. 125). La Princesse, assise et rêveuse, caresse distraitement la tête de son chien ; un petit Amour accompagne sur un cistre sa rêverie. Dans le haut, deux croissants qui rappellent la Déesse de la chasse.

ACTE CINQUIESME (p. 127). — Au milieu, le Roi Iphitas présente aux deux Princes évincés Agante et Cinthie : « Mais voilà deux Princesses qui pourront vous consoler de ce petit malheur » (Scène III, p. 136). Au second plan, la Princesse d'Elide, dont un petit Amour porte la queue, et le Prince Euriale ; un petit nègre porte la queue d'une de ses cousines ; elles ont, toutes les trois, sur la tête, un bouquet de plumes surmonté d'une aigrette. Au troisième plan, Moron regarde la scène avec philosophie.

— Lettre O (p. 129). La Princesse, s'agenouillant aux pieds de son père, lui avoue son amour pour le Prince d'Ithaque. A gauche, le Prince causant avec Moron ; les deux cousines de la Princesse sont derrière le Roi Iphitas. Par-devant, l'Amour victorieux se réjouit de son triomphe.

— Cul-de-lampe (p. 137). La Déesse Vénus, sur son char, descend sur la Terre pour « annoncer partout le changement du cœur de la Princesse » (Scène IV). Dans l'encadrement, en haut, la tête de la Princesse, coiffée d'un diadème et d'un bouquet de plumes, des casques, des carquois et deux Amours portant leur arc.

SIXIESME INTERMÈDE. — En-tête (p. 139). Le titre : « Sixiesme Intermède », est au centre dans un cadre en largeur. A droite et à gauche, deux groupes de trois Bergers et Bergères dansant.

— Lettre U (p. 139). Bergers et Bergères dansant en rond autour d'une Bergère qui mène la danse et tient une houlette. Les Bergères sont décolletées et les Bergers en tonnelet. Encadrement de fleurs et d'instruments de musique ; au milieu des deux montants, un chalumeau.

— Cul-de-lampe (p. 141). Dans un cadre, tableau en largeur, représentant une danse de Faunes et de Bergères ; les ornements qui portent ce cadre sont deux femmes terminées en rinceaux ; au milieu du haut, la couronne royale au-dessus de deux colombes.

TROISIÈME JOURNÉE

EN-TÊTE (p. 143). — Le rond d'eau, au fond duquel l'île du Palais d'Alcine. Sur les côtés, des décorations droites formées de tapisseries, au pied desquelles les musiciens. Sur le bassin, des dauphins énormes et, au centre, un monstre marin, sur le dos duquel Alcine, qui vient dire le Prologue : *Vous à qui je fis part de ma félicité...* (p. 145). Au premier plan, la tribune royale et le demi-cercle des spectateurs vus de dos.

— Lettre P (p. 143). Alcine, montée sur un énorme dauphin et tenant en main sa baguette de magicienne. Les lettres de la Troisième Journée sont noires.

— Cul-de-lampe (p. 150). Le Ballet des Géants et des Nains devant le Palais d'Alcine. Le cadre en est soutenu par deux petits Faunes portant une torche.

EN-TÊTE du Ballet de l'Ile d'Alcine (p. 151). — En-tête ornemental avec, sur les côtés, des rinceaux d'argent sur fond de gueules.

— CUL-DE-LAMPE (p. 153). L'incendie du Palais d'Alcine au milieu d'un feu d'artifice sortant d'un pot à feu garni de godrons et de coquilles; à droite du pot à feu, une Sirène ailée portant une torche enflammée.

— LETTRE I (p. 154). En haut le blason de M. de Saint-Aignan. Sur la lettre, un Bouclier avec la tête de Méduse. M. de Saint-Aignan, à cheval, passe devant la lettre en portant sur sa lance la tête de carton qui est la marque de son triomphe à la Course des têtes (p. 159).

— CUL-DE-LAMPE FINAL (p. 161). La fête terminée, le Roi retourne à Fontainebleau. Son carrosse, vu par derrière, sort de la cour du Château de Versailles, accompagné de son escorte à cheval. Dans l'ornementation du cadre, les armoiries de Molière au-dessus d'un vase de parfums, et, de chaque côté, un petit Satyre ailé, tenant un masque de comédie et une lance de carrousel ornée d'une flamme.

FIN DE LA TABLE DES ILLUSTRATIONS

Achevé d'imprimer a Évreux
Par Charles Hérissey
Le dix Septembre Mil huit cent quatre-vingt-huit

Pour le compte de E. Testard et Cⁱᵉ
Éditeurs a Paris

A

MOLIERE

1622   1673

A
MOLIERE

1622   1673

www.ingramcontent.com/pod-product-compliance
Lightning Source LLC
Chambersburg PA
CBHW071938090426
42740CB00011B/1739